L'immatériel et le droit OHADA des saisies

Robert ASSONTSA

Avec la collaboration de Cédric Tinke

L'immatériel et le droit OHADA des saisies

Préface d'Isidore Léopold Miendjiem

L'Harmattan

Ouvrage honoré d'une subvention
de la FSJPde l'Université de Dschang

5-7, rue de l'École-Polytechnique, 75005 Paris
http://www.editions-harmattan.fr
ISBN : 978-2-343-12008-9
EAN : 9782343120089

SOMMAIRE

PRÉFACE

Le contexte est celui de l'effectivité de l'exécution des décisions judiciaires en terre africaine. Cette exécution, en l'absence de toute dissimulation de la part du débiteur, est *a priori* aisée lorsqu'elle porte sur les biens physiquement identifiables. Par contre, elle concentre un fort potentiel de difficultés lorsqu'elle a pour objet les biens immatériels.

L'immatérialité de la richesse ruine le droit des saisies pris dans sa conception originelle. Sa survie devient alors tributaire d'une profonde adaptation. En effet, le droit de la saisie a historiquement eu pour objet principal les biens matériels, jadis porteurs exclusifs de la valeur pécuniaire. Aujourd'hui, en terre d'Afrique, l'on assiste à l'émergence et à l'accroissement bien affirmé d'une nouvelle catégorie de biens essentiellement dépourvus de consistance physique et dont la valeur pécuniaire est confirmée. C'est alors la capacité du droit OHADA à appréhender ces nouvelles valeurs, et donc l'aptitude de ces derniers à servir de gage général pour les créanciers que **MM. ASSONTSA Robert et TINKE Cédric** interrogent dans cet ouvrage.

Le premier est un universitaire très apprécié qui a une très bonne expérience en droit OHADA des voies d'exécution, le second est un brillant doctorant tout aussi rompu aux arcanes du droit OHADA des voies d'exécution.

Maniant à satisfaction les méthodes traditionnelles de la recherche juridique et usant à l'équilibre un style à la fois simple et soutenu, les auteurs mettent suffisamment en exergue la nouvelle présentation du patrimoine qui donne aujourd'hui une physionomie complètement différente, du fait de la dématérialisation croissante de son contenu et la difficulté que le droit OHADA des saisies éprouve face à cette évolution désormais irréversible.

Ce n'est certainement pas le lieu d'une reprise détaillée des développements réalisés dans l'ouvrage. Il convient simplement de signaler au lecteur l'intérêt qu'il y'a à parcourir lesdits développements pour comprendre que le droit OHADA des voies d'exécution s'efforce effectivement à une appréhension de ces biens dits « *nouveaux* ». Il comprendra également que ledit effort revêt cependant une efficacité relative et que malgré tout, une bonne frange des biens de cette catégorie échappe encore aux voies d'exécution de l'OHADA. Il est donc compréhensible que les auteurs se soient essayés à « *la recherche d'un droit OHADA des saisies plus conquérant de l'immatériel* ». Les propositions faites dans ce sens visent à provoquer une métamorphose du droit des saisies qui doit maintenant plus que jamais s'adapter pour survivre. Cette métamorphose est d'autant à espérer que dans sa révision intervenue le 15 décembre 2010, l'Acte uniforme portant organisation des sûretés a instauré les procédés alternatifs de réalisation de l'essentiel des biens matériels.

La qualité des analyses et la solidité de l'argumentation nous autorisent à recommander cet ouvrage à la lecture et à l'exploitation. Sa richesse et la pertinence de son contenu le destinent à un public pluri-catégoriel. Les praticiens, les investisseurs, les universitaires et les étudiants y trouveront leur compte de même que tout homme épris de culture juridique.

Professeur MIENDJIEM Isidore Léopold
Agrégé des facultés de droit
Maître des conférences et Chef du département de privé et sciences criminelles à la FSJP de l'Université de Dschang

TABLE DES ABRÉVIATIONS

Aff. :	*Affaire*
Art. :	*Article*
Arch. Phil. Droit :	*Archives de Philosophie et de Droit*
AUDCG :	*Acte Uniforme portant sur le Droit Commercial General*
AUDSCGIE :	*Acte Uniforme relatif au Droit des Sociétés Commerciales et du Groupement d'Intérêt Économique*
AUPSRVE :	*Acte Uniforme portant organisation des Procédures simplifiées de recouvrement et des Voies d'Exécution*
AUS :	*Acte Uniforme portant organisation des Sûretés*
BBDA :	*Bureau burkinabé du droit d'auteur*
Bull. :	*Bulletin*
Cass. :	*Cassation*
CCJA :	*Cour Commune de Justice et d'Arbitrage*
Ch. :	*Chambre*
Civ. :	*Civil*
CPCC :	*Code de Procédure civile et Commerciale*
Com. :	*Commerciale*
Coor. :	*Coordination*
Dr. :	*Droit*
Dir. :	*Direction*
Éd. :	*Édition*
GD-CCJA :	*Grandes Décisions de la Cour Commune de Justice et d'Arbitrage*
ICANN :	*Internet Corporation for Assigned Names and Numbers*
JCP :	*Juris-Classeur Périodique*
JP :	*Juridis périodique*
JT :	*Journal des Tribunaux*
N⁰ :	*Numéro*
Obs. :	*Observations*

Op.cit. :	*Opere citatis (ci-avant)*
Ord. :	*Ordonnance*
P. :	*Page*
Proc. :	*Procédure*
PTPI :	*Président du Tribunal de Première Instance*
PUF :	*Presses Universitaires d'Afrique*
RCA :	*Revue Camerounaise de l'Arbitrage*
Req. :	*Requête*
RSDA :	*Revue Sénégalaise de Droit des Affaires*
RFDA :	*Revue Française de Droit Administratif*
RASJ :	*Revue Africaine des Sciences Juridiques*
RDAO :	*Revue de Droit des Affaires OHADA*
RDUA :	*Revue de Droit Uniforme Africain*
RFC :	*Revue Française de Comptabilité*
RJP :	*Revue Juridique et Politique*
RTDA :	*Revue Trimestrielle de Droit Africain*
RTDciv. :	*Revue Trimestrielle de droit civil*
RTD h. :	*Revue trimestrielle de droits de l'Homme*
SCS :	*Société en Commandite Simple*
Sect. :	*Section*
SNC :	*Société en Nom Collectif*
SARL :	*Société à Responsabilité Limitée*
TGI :	*Tribunal de Grande Instance*
TPI :	*Tribunal de Première Instance*

INTRODUCTION GÉNÉRALE

1. L'article 516 du Code civil énonce : « *Tous les biens sont meubles ou immeubles* ». Cette *summa-divisio* consacrée par le législateur depuis 1804 a toujours servi de référence principale pour la classification des biens pouvant faire l'objet d'une appropriation par l'homme. La distinction s'est pendant longtemps fondée sur la valeur du bien pour considérer comme meubles les objets de moindre valeur, en réservant la qualification d'immeubles à ceux dont la valeur était suffisamment importante.

Par la suite, la catégorie des meubles a pris de plus en plus de valeur. Le critère de distinction fondé sur la valeur a été abandonné au profit de celui aujourd'hui consacré : la mobilité du bien. Depuis lors, est considéré comme immeuble, la terre et tout ce qui y est fixé de manière naturelle ou par le fait de l'homme[1]. La catégorie des meubles quant à elle regroupe l'ensemble des biens qui se caractérisent principalement par leur mobilité[2] à l'opposé des immeubles qui par définition restent essentiellement fixes.

2. Par l'effet de la mondialisation des échanges, des avancées technologiques et la modification de l'activité humaine et industrielle[3], l'on assiste aujourd'hui à une prolifération des biens d'une nature tout à fait particulière, caractérisés par une absence de substance physique et dotés tout de même d'une valeur économique certaine. Il s'agit des biens immatériels, ainsi qualifiés parce que ne pouvant être saisis par les sens.

---

[1] Art. 517 et s. du Code civil.
[2] Art. 527 et s. du Code civil.
[3] GIDROL-MISTRAL (G.), *Les biens et l'immatériel*, Journées espagnoles 2014, *Capitant*, Québec, p. 2.

L'existence des biens immatériels ne date certes pas d'aujourd'hui[4], mais leur intérêt est allé grandissant au fil des ans, en raison de l'accroissement vertigineux dont ils ont fait l'objet tant du point de vue de leur diversité que de celui de leurs valeurs. On a donc assisté d'une part à la dématérialisation des fortunes[5] et d'autre part à la création de nouveaux biens totalement désincarnés[6].

La sphère de l'immatériel s'est encore plus agrandie avec la poussée des droits de la personnalité suivie de leur patrimonialisation. L'ampleur du phénomène est telle qu'aujourd'hui, la *summa-divisio* qui depuis toujours distingue les meubles des immeubles, tend à être occultée au profit de celle de plus en plus imposante de biens corporels et incorporels[7].

3. La notion de « *l'immatériel* » a dû subir dès ses origines un examen minutieux par la doctrine. La question posée était en effet de savoir si les choses sensibles pouvaient être considérées comme des biens susceptibles d'appropriation au même titre que les choses matérielles. Cette interrogation trouvait tout son sens dans la mesure où la qualification du bien reposait à l'origine sur la notion d'utilité que l'on ne concevait que par rapport à l'existence matérielle de la chose[8]. Vue sous cet angle, la qualification de biens

---

[4] Le Code civil dans l'identification des biens meubles laissait déjà paraitre parmi les meubles par détermination de la loi des biens incorporels tels que les créances, les titres sociaux, les titres financiers... (art. 529 du Code civil) ; voir aussi GIDROL-MISTRAL (G.), *Les biens et l'immatériel*, préc., p. 4 : « *La catégorie des res incorporales montre que le droit Romain prenait déjà en compte l'abstraction des biens* ».
[5] Il s'agit de la monnaie, des valeurs mobilières, etc.
[6] Il s'agit du brevet, de la marque, du fonds de commerce, etc.
[7] GIDROL-MISTRAL (G.), *L'immatériel et les biens*, préc., p. 5. ; voir aussi : Groupe ISP, « Les choses immatérielles saisies par le droit pénal », *Annales ENM*, 2007.
[8]ZENATI-CASTAING (F.) et REVET (T.), *Les biens*, PUF, Paris, 2008.

était déniée aux choses immatérielles. À cette conception matérialiste du bien, l'on a opposé une vision beaucoup plus abstraite qui fonde la qualification de bien sur la valeur de la chose. Partant, tout ce qui a une valeur susceptible de figurer dans un patrimoine est un bien[9] et la valeur économique des choses immatérielles n'étant plus à démontrer, leur aptitude à accéder au statut de bien s'est avérée tout à fait évidente.

4. En admettant que les choses incorporelles soient des biens, il devenait nécessaire de clarifier leur nature en vue de déterminer la catégorie juridique à laquelle elles s'identifient. Si certains les ont assimilées simplement aux meubles incorporels[10], d'autres en revanche ont adopté une position plus nuancée pour considérer les choses immatérielles comme une sous-catégorie des meubles incorporels. Pour ces derniers, elles correspondent à des réalités abstraites, c'est-à-dire des choses bénéficiant d'une existence à part entière au même titre que les choses matérielles, mais dépourvues de consistance physique[11] et qui se distinguent des autres meubles incorporels simplement constitutifs de droits. La première thèse reste tout de même celle de la doctrine majoritaire[12]. En tout état de cause, les biens immatériels appartiennent à la catégorie des meubles incorporels.

5. Malgré l'extrême diversification qui caractérise l'immatériel dans le droit des biens, on peut tout de même s'essayer à une modeste classification qui, sans intégrer forcément la totalité des réalités sur lesquelles s'étend son domaine, met malgré tout en exergue les plus usités. On peut

---

[9] GUTMANN (D.), « Du matériel à l'immatériel dans le droit des biens : Les ressources du langage juridique », *Arch. phil. droit,* tome 43, 1999.

[10] GIDROL-MISTRAL (G.), « L'immatériel et les biens », préc., p. 8 ; celui-ci relève qu'EMRICH (Y.) et ABIBA BEN (A.) assimilent dans leurs thèses les choses immatérielles aux biens incorporels.

[11] ZENATI-CASTAING (F.) et REVET (T.), *Les biens*, *op.cit.*, p. 10.

[12] GUTMANN (D.), « Du matériel à l'immatériel dans le droit des biens : Les ressources du langage juridique », préc., p. 69.

dès lors distinguer d'une part les biens immatériels financiers et d'autre part, ceux dits industriels[13].

Les biens immatériels financiers peuvent ainsi s'appréhender comme ceux qui sont ou représentent une unité monétaire et qui, le plus souvent, proviennent de l'impulsion d'une personne morale de droit public ou privé disposant d'un rôle financier[14]. Cette catégorie intègre donc des réalités assez variées telles notamment la monnaie qui constitue le bien immatériel financier par excellence, ainsi que les droits d'associés et les valeurs mobilières. À côté, les biens immatériels industriels s'affirment comme des réalités incorporelles dont la valeur pécuniaire est certaine et qui trouvent leur origine simplement dans la force de travail de l'Homme[15]. Il peut s'agir des créations résultant de son habilité, son ingéniosité ou son savoir-faire, ou de celles résultant d'une activité industrielle par des procédés de fabrication et de production, en vue de la transformation et la commercialisation des produits de consommation[16]. De ces deux hypothèses, il s'ensuit respectivement la naissance des droits de propriété intellectuelle et du fonds de commerce.

Les choses immatérielles ont pu s'affirmer et bénéficient aujourd'hui d'une existence juridique à part entière, leur permettant de s'identifier dans un patrimoine. Ce dernier qui se conçoit comme une universalité constituée des biens et

---

[13] PINTO HANIA (V.), *Les biens immatériels saisis par le droit des sûretés réelles conventionnelles*, thèse de doctorat, Université de Paris-Est Créteil, 2011, p. 32.

[14] On pense ici à l'État qui émet et garantit la monnaie, aux établissements de crédit qui délivrent les monnaies ou les titres, et aux sociétés commerciales qui émettent des titres sociaux ; voir PINTO HANIA (V.), Les biens immatériels saisis par le droit des sûretés réelles conventionnelles, préc., p. 32.

[15] PINTO HANIA (V.), *Les biens immatériels saisis par le droit des sûretés réelles conventionnelles*, préc., p. 44.

[16] *Ibidem.*

dettes d'une personne[17], inclut dès lors au registre des biens, à la fois ceux qui ont une existence matérielle et ceux qui en sont dépourvus.

6. La question des biens immatériels se pose aujourd'hui avec plus d'intérêt dans leur rapport avec le droit de gage général dont bénéficient les créanciers sur les biens de leurs débiteurs. En effet, les articles 2092[18] et 2093[19] du Code civil attribuent aux créanciers un droit de gage général sur les biens de leurs débiteurs. Ils leur permettent de faire face à la réticence des débiteurs récalcitrants en s'emparant avec le concours de l'autorité publique, d'un bien ou d'un ensemble de biens figurant dans les patrimoines de ceux-ci en vue d'assurer le payement de leurs créances. Le mécanisme qui permet d'y arriver est reconnu par le législateur sous le terme de saisie.

7. La saisie peut être exercée par le créancier en vertu du droit de gage général qui lui est reconnu ou encore sur la base d'une sûreté spéciale[20] constituée à son profit. Si les créanciers n'hésitent pas à mettre le mécanisme en œuvre pour saisir les biens visibles dans les patrimoines de leurs débiteurs, il en est autrement lorsque l'objet de la saisie est un bien incorporel[21]. En effet, l'absence de *corpus* qui caractérise cette catégorie de biens soulève des difficultés tout à fait particulières[22] auxquelles les créanciers ne veulent généralement pas se confronter. Pourtant, aujourd'hui, à l'ère

---

[17] AUBRY (Ch.) et RAU (F.-Ch.), *Cours de droit civil français d'après la méthode de Zachariae*, 4e éd., tome VI, Paris, 1873, p. 232.

[18] « *Quiconque s'est obligé personnellement est tenu de remplir son engagement sur tous ses biens mobiliers et immobiliers, présents et à venir* ».

[19] « *Les biens du débiteur sont le gage commun des créanciers* ».

[20] Par exemple, un gage ou une hypothèque.

[21] DUBOIS, « Saisie et vente forcée des droits incorporels », www.dubois-huissier-93.com.

[22] Ces difficultés peuvent être liées à l'identification du bien par les créanciers, son appréhension, sa valorisation, etc.

dite du numérique et avec la dématérialisation croissante des fortunes ainsi que la prolifération des biens dits *nouveaux*, les biens immatériels acquièrent des valeurs économiques de plus en plus importantes et constituent une assise incontestable du crédit et du droit de gage général des créanciers. Ils devraient donc au même titre que les biens corporels, garantir les dettes du débiteur et conforter la confiance des créanciers.

8. Le législateur communautaire OHADA semble avoir compris l'enjeu. On s'en aperçoit en lisant les articles 50, 54 et 56 de l'Acte Uniforme portant organisation des Procédures Simplifiées de Recouvrement et des voies d'exécution (AUPSRVE)[23]. Il en ressort que les saisies peuvent porter sur l'ensemble des biens du débiteur, qu'ils soient meubles ou immeubles, corporels ou incorporels. On ne peut toutefois s'empêcher de remarquer l'insuffisance de la réglementation autour de la saisie des meubles incorporels, liée notamment à l'absence d'un régime général de saisie applicable à tous les biens appartenant à cette catégorie et au fait que la législation OHADA en la matière ne prend en compte que les créances de somme d'argent, ainsi que les droits d'associés et les valeurs mobilières. Il s'agit là certes de biens immatériels figurant parmi les plus usités dans les relations d'affaires et influençant de façon non négligeable l'économie, mais force est de constater qu'ils ne sont pas les seuls. Les difficultés relatives à la saisie des autres meubles incorporels subsistent et le flou est entretenu par le défaut de réglementation claire et précise.

9. La démarche du législateur OHADA est d'autant plus incohérente que l'Acte uniforme portant organisation des sûretés (AUS)[24] reconnaît au titre des meubles incorporels

[23] Ce texte a été adopté le 10 avril 1998 à Libreville au Gabon.
[24] Acte Uniforme portant organisation des Sûretés, adopté le 15 décembre 2010 à Lomé au Togo.

pouvant faire l'objet d'un nantissement, en plus de ceux dont la saisie est règlementée par l'AUPSRVE, le fonds de commerce et les droits de propriété intellectuelle.

En permettant la constitution des sûretés sur des biens immatériels et en organisant les opérations de saisie exclusivement pour certains d'entre eux, le législateur OHADA a réalisé à notre sens une œuvre inachevée. Il serait tout à fait regrettable qu'après avoir constitué une sûreté sur le bien (nantissement du fonds de commerce ou des droits de propriété intellectuelle), le créancier ne sache pas le moment venu, comment procéder quant à sa réalisation. L'inquiétude était suffisamment alarmante pour que l'on consacre un ouvrage à « ***l'immatériel et le droit OHADA des saisies*** **»,** afin de faire la lumière sur l'aptitude du premier à servir effectivement de garantie pour le payement des créanciers.

10. Le présent ouvrage vise principalement à interroger le régime de la saisie des biens immatériels en droit OHADA, afin d'accompagner le législateur dans l'encadrement juridique de l'ensemble des biens patrimoniaux, particulièrement ceux de la catégorie des meubles incorporels dont les éléments sont en permanente évolution et de plus en plus variés. Il vise également à éclairer davantage les créanciers quant à la démarche à suivre pour pallier à l'insuffisance des actifs matériels du débiteur.

11. En partant du constat que les créanciers ne poursuivent qu'assez rarement les débiteurs sur leurs biens incorporels[25], on est tenté d'en déduire, soit qu'ils n'ont pas conscience de la valeur de ces biens, soit qu'ils en ont conscience mais qu'ils ne savent pas comment s'y prendre pour la saisie, ou encore que sachant quelle est la procédure, celle-ci leur semble assez complexe pour qu'ils s'y engagent. De cette situation découle logiquement la question

[25] DUBOIS, « Saisie et vente forcée des droits incorporels », préc., p. 2.

principale : le droit OHADA des saisies appréhende-t-il suffisamment et efficacement les biens dépourvus de consistance physique ? Cette interrogation soulève essentiellement deux difficultés. D'abord, il est question de savoir si l'ensemble des valeurs incorporelles susceptibles d'intégrer le patrimoine, bénéficie en droit OHADA, des voies d'exécution adaptées permettant aux créanciers d'y exercer leur droit de gage général. Enfin, dans l'hypothèse où les procédures en question existeraient, l'autre difficulté réside dans l'interrogation de savoir si celle-ci offre aux créanciers, les garanties suffisantes en terme de célérité de la procédure et de certitude du recouvrement de la créance. De l'ensemble de ces questions se profile l'intérêt de l'ouvrage que l'on peut décliner sur un double plan théorique et pratique.

12. Au plan théorique, l'étude permet globalement de prendre la mesure de la saisie des biens immatériels d'un point de vue objectif en droit OHADA, afin de ressortir les insuffisances du régime actuellement consacré et d'éclairer le législateur quant aux éventuelles pistes à explorer pour une meilleure adaptation du droit OHADA aux nouvelles réalités économiques de l'Afrique. La sécurité des affaires en dépend.

Du point de vue pratique, un éclaircissement du régime de saisie des biens incorporels permettra aux créanciers d'envisager plus aisément le patrimoine du débiteur dans son entièreté et leur donnera ainsi une plus grande marge de manœuvre dépassant largement le champ des biens corporels de celui-ci. Les pourvoyeurs de fonds accorderont dès lors plus facilement leur confiance et les opérateurs économiques obtiendront de la même manière du financement. Et de manière générale, le droit du crédit y trouvera un confort singulier.

13. Afin d'éclairer la lanterne des créanciers quant à l'opportunité et la mise en œuvre des mesures d'exécution forcée sur les meubles incorporels, la méthode exégétique à travers le recours à la législation en vigueur sur la saisie des biens incorporels sera convoquée. L'observation empirique nous amènera à interroger la position de la jurisprudence sur les nombreuses difficultés pratiques auxquelles sont confrontés les créanciers et agents d'exécution relativement à la mise en mouvement des opérations de saisie. La méthode comparative sera également de mise, afin de rapprocher le régime de la saisie des biens incorporels en droit OHADA de celui en vigueur dans les autres systèmes juridiques, notamment celui de la France dont le modèle juridique sert généralement de référence au législateur OHADA. Cette méthode nous permettra d'emprunter les avancées effectuées ailleurs pour combler les lacunes présentes ici.

14. Une étude sur le droit OHADA des saisies et l'immatériel pourrait consister simplement à l'analyse de la question de savoir comment les saisies sont réalisées afin de juger éventuellement de leur efficacité par rapport à la satisfaction principale des intérêts du créancier et subsidiairement, à la protection de ceux du débiteur. Toutefois, une telle approche supposerait que la prise en compte effective de l'immatériel par le droit OHADA des saisies soit un acquis ne soulevant plus de véritables difficultés. Or il est imprudent de partir sur cette base, eu égard à l'ensemble non négligeable des valeurs intégrant la catégorie des biens immatériels et qui paraissent avoir été délaissés par le droit OHADA des saisies. Il est à notre avis plus recommandable d'adopter une approche qui, sans négliger l'interrogation sur l'efficacité des mesures existantes, s'intéressera également à l'exhaustivité ou à la pertinence de leur domaine d'application[26].

---

[26] Il est en réalité question ici de savoir si le domaine d'application des procédures organisées couvre sinon tous, du moins l'essentiel les biens immatériels susceptibles d'intégrer le patrimoine en droit OHADA.

15. Il convient au préalable de constater qu'avant la réforme de l'OHADA, les voies d'exécution étaient régies dans la plupart des États membres de l'Organisation par le Code de procédure civile et commerciale de 1806[27]. À côté d'une saisie conservatoire spécifique à la matière commerciale et des procédures spéciales organisées pour certains biens particuliers ou se trouvant dans des circonstances particulières, ce droit reconnaissait en guise de procédure de droit commun, deux principales mesures organisées selon le cas pour l'appréhension des biens du débiteur détenus par lui-même ou pour l'appréhension de ceux détenus par un tiers. Il s'agissait respectivement de la saisie-exécution[28] et de la saisie-arrêt[29]. Il convient de remarquer qu'aucune distinction n'était faite selon que le bien avait ou non, une nature incorporelle. Seule la détention personnelle ou non du bien par le débiteur fondait le choix de la procédure à effectuer. Ce droit hérité du législateur colonial était devenu inadapté aux conditions économiques et sociales nouvelles, engendrant de ce fait une sorte d'insécurité juridique et judiciaire marquée par l'ineffectivité des décisions de justice[30]. La réforme de l'OHADA est donc intervenue en la matière dans l'optique de renforcer les mesures d'exécution, et de les rendre beaucoup plus fiables en vue de rassurer les créanciers[31]. C'est dans cette mouvance que les biens immatériels se sont vus accorder une attention particulière par l'organisation à leur égard, des procédures de saisies spécifiques.

---

[27] NDZUENKEU (A.), « L'OHADA et la réforme des procédures civiles d'exécution en droit Africain : l'exemple du Cameroun », *Juridis Périodique* n° 50, avril-juin 2002, p. 113.

[28] Art 318-327 du CPCC.

[29] Art. 295-316 du CPCC.

[30] ONANA ETOUNDI (F.), « La réforme des procédures de recouvrement et voies d'exécution en droit OHADA : Étude pratique de législation et de jurisprudence », *RDUA* n° 001, 2010, p. 29.

[31] *Ibidem.*

16. Cet état des choses permet de formuler l'idée de départ suivant laquelle le législateur OHADA, conscient de la valeur que représentent aujourd'hui les biens immatériels dans l'univers économique et du rôle de garantie qui est le leur en tant que biens du débiteur, recherche activement à travers ses textes, leur appréhension par le droit des saisies. Cependant, force est de constater qu'en pratique et à certains égards, l'immatériel demeure en droit OHADA, soumise à une insaisissabilité maladive à laquelle il convient de remédier.

17. Sur cette base, l'ouvrage sera organisé autour de deux principales idées, soutenues par le constat de ce que le droit OHADA des saisies s'accommode de façon tout à fait mitigée à la réalité de l'immatériel, en ce sens que, si à certains égards l'on observe une certaine appréhension de l'immatériel par ce droit (**Première partie**), à d'autres par contre, l'analyse révèle plutôt une tendance de celui-ci au relâchement de l'immatériel (**Seconde partie**).

PREMIÈRE PARTIE

L'APPRÉHENSION DE L'IMMATÉRIEL PAR LE DROIT OHADA DES SAISIES

18. Il serait tout à fait injuste de refuser au législateur OHADA, le mérite d'avoir effectivement pris en compte l'évolution de la notion de bien[32]. En effet, l'analyse des dispositions législatives OHADA laisse ressortir assez clairement une appréhension large de la notion de patrimoine, marquée par la volonté du législateur d'y intégrer les valeurs immatérielles. Celles-ci supportent par la même occasion le droit de gage général des créanciers et le législateur OHADA fait montre d'une réglementation ambitieuse à cet effet par une organisation claire des procédures de saisie spécifiques aux biens incorporels **(Chapitre I)**, dont l'efficacité revêt un caractère plus ou moins accru suivant l'angle d'appréciation **(Chapitre II).**

---

[32] À l'origine fondée sur la corporalité de la chose, la notion de bien est aujourd'hui essentiellement basée sur la valeur de cette dernière ; voir dans ce sens, ZENATI-CASTAING (F.) et REVÊT (T.), « *Les biens* », *op.cit.*, p. 59.

CHAPITRE I

L'ORGANISATION LOUABLE DES PROCÉDURES DE SAISIE SPÉCIFIQUES AUX BIENS IMMATÉRIELS

19. La législation de l'OHADA dans son ensemble s'apprécie comme une évolution par rapport à la réglementation antérieure fondée sur le Code de procédure civile français de 1806, alors applicable dans plusieurs États membres de l'OHADA[33]. En ce qui concerne particulièrement le droit des voies d'exécution, l'AUPSRVE s'affirme par des rénovations certaines et des précisions claires vis-à-vis des moyens d'actions dont dispose le créancier sur les biens incorporels de son débiteur en vue soit de protéger sa créance, soit d'en assurer le recouvrement. Ces mesures revêtent tantôt un caractère conservatoire (**section I**), tantôt un caractère exécutoire (**section II**).

Section I : Les saisies conservatoires sur les biens immatériels

20. Les saisies conservatoires consacrées dans l'AUPSRVE, peuvent se définir par référence à leur but. À cet effet, en tant que mesures conservatoires, elles sont celles qui ont pour objet de maintenir les biens en état, c'est-à-dire de préserver leur intégrité juridique et matérielle, et par

[33] POUGOUÉ (P.-G.) et NJEUFACK TEMGWA (R.), *Saisies et mesures conservatoires de droit OHADA*, PUF, 2015, p. 11.

conséquent, leur valeur lorsqu'elles sont menacées[34]. Elles revêtent dès lors un caractère préventif et constituent une protection anticipée en faveur du créancier apparent dont les droits vis-à-vis du débiteur ne sont pas complètement consolidés[35]. En droit de l'OHADA, les saisies conservatoires sur les biens immatériels ont un domaine plus ou moins restrictif qu'il convient de préciser (**paragraphe I**) avant d'envisager l'organisation juridique de leur mise en œuvre (**paragraphe II**).

Paragraphe I : Le champ d'application variable des saisies conservatoires sur les biens immatériels

21. On distingue principalement deux procédures de saisies conservatoires sur les biens incorporels dans la législation OHADA. Il s'agit de la saisie conservatoire des créances (**A**) et de la saisie des droits d'associés et des valeurs mobilières (**B**).

A- Le champ d'application de la saisie conservatoire des créances

22. Prévue aux articles 74 à 84 de l'AUPSRVE, la saisie conservatoire des créances en OHADA s'applique essentiellement aux créances de sommes d'argent encore appelées créances monétaires[36] à l'exclusion de toute créance ayant un autre objet (**1**). Toutefois, toutes les créances monétaires ne sont pas admises dans le domaine de la saisie conservatoire des créances. Cette remarque se justifie par

---

[34] KERE KERE (G.), « Essai d'une présentation synthétique des mesures conservatoires d'après la nouveau droit des affaires OHADA », *RASJ* n° 1, 2008, p. 33.

[35] POUGOUÉ (P.-G.) et NJEUFACK TEMGWA (R.), *Saisies et mesures conservatoires de droit OHADA*, *op.cit.*, p. 9.

[36] KERE KERE (G.), « Essai d'une présentation synthétique des mesures conservatoires d'après la nouveau droit des affaires OHADA », préc., p. 42.

l'exclusion exceptionnelle des créances représentant le salaire du débiteur (**2**).

1. L'application exclusive aux créances de sommes d'argent

23. Il ressort de l'analyse des dispositions de l'AUPSRVE, une absence de définition claire et précise de la saisie conservatoire des créances[37]. Simplement, le législateur communautaire la décrit en disposant à l'article 57 de l'AUPSRVE que *lorsque la saisie porte sur une créance ayant pour objet une somme d'argent, l'acte de saisie la rend indisponible à concurrence du montant autorisé par la juridiction compétente ou, lorsque cette autorisation n'est pas nécessaire, à concurrence du montant pour lequel la saisie est pratiquée* [...] . Ainsi, la saisie conservatoire des créances peut se définir comme une procédure par laquelle une personne se prétendant créancière de la personne qu'elle désigne comme son débiteur, saisit afin de rendre indisponible, les créances dont ce débiteur est titulaire à l'encontre de son propre débiteur[38]. Elle s'entend également comme la procédure qui permet au créancier de mettre sous-main de justice une ou plusieurs créances monétaires dont est titulaire son débiteur[39].

La procédure ne vaut donc que pour les créances de sommes d'argent que le débiteur possède à l'actif de son patrimoine. C'est dire qu'il ne s'agit pas des créances de somme d'argent en espèces. Par exemple, le notaire qui est tenu de déposer le prix d'une vente passée en son Étude à la

---

[37] NJEUFACK TEMGWA (R.), « Saisies conservatoires », *in* POUGOUÉ (P.-G.) (dir.), *Encyclopédie du droit OHADA,* Lamy, 2011, p. 1763.
[38] BRENNER (Cl.) et CROCQ (P.) (dir.), *Droit de l'exécution forcée*, Lamy, 2008, n° 260-95.
[39] KERE KERE (G.), « Essai d'une présentation synthétique des mesures conservatoires d'après la nouveau droit des affaires OHADA », préc., p. 42.

Caisse des dépôts et consignations, n'en restera pas moins le débiteur du vendeur, et sera à ce titre, tiers saisi entre les mains duquel la saisie conservatoire devra être pratiquée[40]. Peuvent toutefois être assimilés aux créances de somme d'argent les bons de capitalisation[41].

24. De l'application exclusive de cette mesure aux créances de sommes d'argent, il résulte une exclusion manifeste des créances qui ont un objet différent. En effet, la créance étant un droit personnel, c'est-à-dire une prérogative dont bénéficie une personne et en vertu de laquelle celle-ci peut exiger d'une autre de faire, de ne pas faire ou de donner quelque chose, elle demeure donc susceptible d'avoir des objets divers[42]. La saisie conservatoire des créances n'est organisée que pour celle qui porte sur des sommes d'argent. Ceci peut aisément se comprendre dans la mesure où les créances qui ont pour objet des biens autres que les sommes d'argent, font également l'objet pour leur appréhension, des procédures de saisie expressément organisées pour s'adapter à leurs particularités[43]. Au principe ainsi posé, se joint une exception constante liée à la nature salariale de la créance.

2. L'application défendue aux créances de salaire

25. L'annonce est faite de manière péremptoire à l'article 175 de l'AUPSRVE qui dispose que les rémunérations ne peuvent faire l'objet d'une saisie conservatoire. Cette

---

[40] LEBORGNE (A.), *Droit de l'exécution*, 2e éd., Dalloz, Paris, 2014, n° 1008.

[41] Cass. civ. 2e, 10 juill. 2008, n° 07-14.658.

[42] Elle peut porter sur une somme d'argent, un bien mobilier quelconque ou un comportement particulier attendu du débiteur (faire ou ne pas faire) ; voir le chapitre III du titre III du Code civil applicable au Cameroun

[43] C'est ainsi que l'AUPSRVE distingue à côté de la saisie conservatoire des créances, la saisie conservatoire des meubles corporels (art. 74 à 84), la saisie foraine (art 73), la saisie revendication (art 227 à 235) et la saisie conservatoire des droits d'associés et des valeurs mobilières (art 85 à 90).

affirmation non équivoque du législateur OHADA place les créances de salaire en dehors du champ d'application de la saisie conservatoire des créances. Les créances de salaire doivent s'entendre ici de façon assez large pour englober toutes celles quel qu'en soit le montant, du à toute personne salariée ou travaillant à quelque titre que ce soit pour un ou plusieurs employeurs[44].

26. Si la saisie conservatoire des créances s'applique aux créances de sommes d'argent, encore faut-il que les sommes objet de la créance soient détenues par le tiers saisi, en vertu d'un pouvoir propre indépendant[45]. C'est dire en réalité qu'il doit y avoir une absence de lien de subordination entre le tiers et le débiteur saisi. Les rémunérations de travail ne s'accommodant pas à cette exigence dans la mesure où la relation entre l'employeur et le salarié se caractérise principalement par le lien de subordination[46], il va de soi qu'elles soient exclues du champ d'application de la procédure[47]. Cette exclusion manifeste clairement la volonté du législateur communautaire d'accorder au salarié une protection particulière dont la justification pourrait être trouvée dans un certain nombre de raisons, notamment le fait que la rémunération des travailleurs dans les pays africains est généralement considérée comme dérisoire ou insuffisante au regard de leurs besoins, du niveau de vie, des standards admis lorsque vient le moment d'évaluer la décence des

---

[44] Voir art. 174 de l'AUPSRVE.

[45] CCJA, arrêt n° 584 du 03 mai 2002, aff. Société AFROCOM-CI c/ Citibank, *RCCJA* n° 5, janv.-juin 2005, p. 56 et s.

[46] Voir l'art. 23 du Code du travail camerounais en ce qu'il définit le contrat de travail comme la convention par laquelle un travailleur s'engage à mettre son activité professionnelle sous l'autorité et la direction d'un employeur en contrepartie d'une rémunération.

[47] TPI Yaoundé, Référé, ord. n° 113/c du 29 sept. 2000 : Bouolo Badoana c/ Fon Georges (mainlevée d'une saisie conservatoire pratiquée sur le salaire du débiteur).

conditions d'existence des gens[48]. À cette raison, vient en renfort le fait que cette rémunération constitue généralement pour les bénéficiaires l'unique source de revenus. Cette dernière assertion s'induit de l'article 9 de l'Acte Uniforme portant Droit Commercial Général (AUDCG) en ce qu'il exclut de l'activité commerciale les personnes soumises à une incompatibilité telles que les fonctionnaires, les personnels des collectivités publiques et des entreprises à participation publique[49].

27. Le domaine d'application de la saisie conservatoire des créances s'envisage donc de façon restrictive eu égard à son application exclusive aux créances de somme d'argent et à l'exclusion exceptionnelle des créances de salaire. Ainsi perçue, l'analyse de la saisie conservatoire des créances contraste avec celle de la saisie conservatoire des droits d'associés et des valeurs mobilières.

B- Le champ d'application de la saisie conservatoire des droits d'associés et des valeurs mobilières

28. La saisie conservatoire des droits d'associés et des valeurs mobilières constitue l'un des apports les plus manifestes de la réforme de l'OHADA dans la mesure où elle vient combler l'une des lacunes les plus flagrantes du droit des voies d'exécution en vigueur avant cette réforme[50]. Les droits d'associés et les valeurs mobilières font désormais l'objet d'une saisie conservatoire à titre principal (**1**). Une analyse dépassant le cadre strict de l'AUPSRVE laisse

---

[48] KUATE TAMEGHE (S. S.), « Saisie des rémunérations », *in* POUGOUÉ (P.-G.) (dir.), *Encyclopédie du droit OHADA*, *op.cit.*, p. 1618.

[49] *ibidem*

[50] L'une des faiblesses du droit antérieur tenait à l'absence de procédures spécialement adaptées aux droits d'associés et aux valeurs mobilières ; voir dans ce sens KERE KERE (G.), « Essai d'une présentation synthétique des mesures conservatoires d'après la nouveau droit des affaires OHADA », préc., p. 45.

toutefois penser que l'on pourrait étendre celle-ci aux biens immatériels industriels (**2**).

1. L'application principale aux droits d'associés et aux valeurs mobilières

29. La saisie conservatoire des droits d'associés et des valeurs mobilières trahit par son nom le domaine d'application à elle réservé par le législateur. En effet, il est tout à fait évident de constater que la procédure s'applique de façon principale aux droits d'associés et aux valeurs mobilières. L'un des intérêts majeurs de l'analyse des voies d'exécution dirigées contre de tels biens réside dans la distinction entre droits d'associés et valeurs mobilières

30. Les droits d'associés sont des titres émis par la société en contrepartie des apports réalisés par les associés. Ils sont dénommés actions dans les sociétés par actions et part sociales dans les autres[51]. Pourtant, selon une opinion bien avertie[52], dans le cadre de la saisie des droits d'associés et des valeurs mobilières, ils désignent essentiellement les parts sociales émises tant par les sociétés immatriculées que par celles non immatriculées[53]. Les valeurs mobilières quant à elles peuvent s'entendre comme des titres négociables qui représentent des droits identiques par catégorie acquis par ceux qui ont apporté à la société, notamment la société anonyme, des biens nécessaires à son financement[54].

31. Il convient de rappeler que les droits d'associés et les valeurs mobilières avant la réforme ne faisaient l'objet dans

---

[51] Voir art. 51 de l'AUDSCGIE.

[52] Il s'agit là de l'avis du Pr DAIGRE (J. J.), reprise par BIKECK MBANG (A.), « La saisie des droits d'associé et des valeurs mobilières de la législation OHADA : une reforme inadaptée au droit des sociétés commerciales », *RTDA*, janv.-mars 2013, p. 7.

[53] Principalement les sociétés en participation.

[54] MIENDJIEM (I. L.), « Nantissement », *in* POUGOUÉ (P.-G.) (dir.), *Encyclopédie du droit OHADA*, *op.cit.*, p. 1143.

les pays membres de l'OHADA, et à l'exception du Mali[55], d'aucune voie d'exécution spécifique. La justification d'une telle carence trouvait explication dans l'antériorité du Code de procédure civile et commerciale de 1806 par rapport aux premières législations réglementant les sociétés commerciales. Ces dernières voient le jour à travers la Charte des sociétés par actions du 24 juillet 1867 et la loi du 7 mars 1925 créant la société à responsabilité limitée[56]. Les droits d'associés et les valeurs mobilières constituent depuis lors une part de plus en plus importante du contenu patrimonial de certaines personnes, obligeant dès lors le législateur contemporain à autoriser la pratique des mesures conservatoires sur cette catégorie de biens afin d'éviter que comme par le passé, des débiteurs véreux ne cherchent à cacher leurs biens en les plaçant en titres sociaux[57].

32. La saisie conservatoire des droits d'associés et des valeurs mobilières trouve donc tout son sens par son application aux titres sociaux et aux valeurs mobilières. Cependant, une analyse plus approfondie des dispositions législatives OHADA laisse penser que ces deux dernières catégories de biens ne constituent pas le domaine exclusif de la saisie des droits d'associés et des valeurs mobilières.

2. L'application étendue aux biens immatériels industriels

33. Le constat est flagrant, car un ensemble de biens tout aussi importants dans la valorisation du patrimoine a été ignoré par l'AUPSRVE[58]. On peut noter à cet effet l'absence

[55] Seul le législateur malien l'avait envisagé dans les articles 747 et 748 du décret n° 14/226/P-RM du 28 juin 1994 portant Code de procédure civile, commerciale et sociale, relatif à la saisie des droits incorporels.

[56] NJEUFACK TEMGWA (R.), « Mesures conservatoires », préc., p. 1766.

[57] DONNIER (M.) et DONNIER (J.-B.), *Voies d'exécution et procédures de distribution*, 6e éd., Litec, Paris, 2001, p. 528.

[58] POUGOUÉ (P.-G.) et NJEUFACK TEMGWA (R.), « saisies et mesures conservatoires de droits OHADA », *op.cit.*, p. 12.

de dispositions relatives à la saisie des biens immatériels industriels à l'instar du fonds de commerce et des droits de propriété intellectuelle[59]. Toutefois, l'interprétation de l'AUPSRVE combinée à celle de l'AUS, laisse transparaître une certaine extension de la procédure de saisie conservatoire des droits d'associés et des valeurs mobilières au fonds de commerce et aux droits de propriété intellectuelle.

L'extension ainsi constatée s'apprécie au travers des articles 158 et 164 de l'AUS. De la lecture de ces dispositions, il ressort en substance que la juridiction compétente peut autoriser le créancier à prendre une inscription de nantissement sur les droits de propriété intellectuelle[60] ou sur le fonds de commerce[61] du débiteur. Il s'y ajoute que le nantissement judiciaire est régi par les dispositions relatives à la saisie conservatoire des titres sociaux règlementée par l'AUPSRVE. Ces textes conduisent clairement à penser que les dispositions organisant la saisie conservatoire des droits d'associés et des valeurs mobilières bénéficient d'un domaine d'application plus large que celui constitué par ces deux catégories de biens. Elles régissent également les droits de propriété intellectuelle et le fonds de commerce.

34. Doit-on pour autant en déduire qu'il existe en droit OHADA une saisie conservatoire autonome des droits de propriété intellectuelle ou du fonds de commerce ? Il convient de rappeler que, si le législateur OHADA autorise l'application des dispositions régissant la saisie conservatoire des droits d'associés et des valeurs mobilières aux biens immatériels industriels, cette autorisation n'est effective que

---

[59] Toutes les procédures de saisies prévues par l'AUPSRVE sont en principe destinées à des catégories de biens déterminées et aucune d'elles ne vise expressément le fonds de commerce et les droits de propriété intellectuelle.

[60] Art. 158 de l'AUS.

[61] Art. 164 de l'AUS.

dans le cadre d'une sûreté particulière reconnue par le législateur communautaire sous l'appellation de nantissement judiciaire ou plus généralement de sûretés judiciaires[62]. Or, malgré l'évidence du rapprochement vis-à-vis des saisies conservatoires[63], celles-ci conservent tout de même leurs singularités. En effet, l'incidence principale de la saisie conservatoire est de rendre indisponibles[64] les biens saisis, de sorte que le débiteur ou le tiers saisi ne puisse plus en disposer à sa guise. À l'opposé, les mesures de sûreté que constituent le nantissement judiciaire des droits de propriété intellectuelle et celui du fonds de commerce, confèrent à leurs titulaires les droits de préférence, de réalisation et de suite[65], tout en laissant subsister la disponibilité des biens nantis. Cette position jadis adoptée par la Cour de cassation française sous l'empire de la loi de 1955[66] est du reste celle qu'a retenue le législateur OHADA[67].

Le domaine d'application de la saisie conservatoire des droits d'associés et des valeurs mobilières semble donc aller au-delà du cadre qui est le leur, pour couvrir le fonds de commerce et les droits de propriété intellectuelle à travers

---

[62] KERE KERE (G.), « Essai d'une présentation synthétique des mesures conservatoires d'après la nouveau droit des affaires OHADA », préc., p. 33.

[63] Elles partagent nécessairement les conditions de mise en œuvre qui tournent principalement autour de l'existence d'une créance apparemment fondée et la justification de circonstances de nature à menacer le recouvrement de celle-ci ; voir dans ce sens MIENDJIEM (L. I.), « Nantissement », préc., p. 1144.

[64] Art.56 de l'AUPSRVE.

[65] Art. 161 et 178 de l'AUS.

[66] Civ. 2e, 2 nov.1983, *Bull. civ.* II. n0 212 : *Defrénois* 1985, p. 55, note THÉRY (Ph.).

[67] POUGOUÉ (P.-G.) et NJEUFACK TEMGWA (R.), *Saisies et mesures conservatoires de droits OHADA*, *op.cit.*, p. 96 ; voir aussi KERE KERE (G.), « Essai d'une présentation synthétique des mesures conservatoires d'après la nouveau droit des affaires OHADA », préc., p. 48.

leur nantissement et sans pour autant influer sur la nature de cette dernière sûreté.

35. Au total, la réglementation OHADA des saisies conservatoires sur les biens immatériels bénéficie d'un champ d'application plus ou moins restrictif selon qu'on s'intéresse à la saisie conservatoire des créances ou à celles des droits d'associés et des valeurs mobilières. Cette divergence dans la délimitation des domaines d'application des saisies conservatoires sur les biens immatériels s'observe moins dans la réglementation de leur mise en œuvre.

Paragraphe II : La mise en œuvre similaire des saisies conservatoires sur les biens immatériels

36. Qu'il s'agisse de la saisie conservatoire des créances ou de celle des droits d'associés et des valeurs mobilières, leur mise en œuvre nécessite que les conditions générales de mise en œuvre des saisies conservatoires soient réunies. Le créancier saisissant devra dès lors justifier sur le fond, de l'existence d'une créance apparemment fondée en son principe et des circonstances de nature à en menacer le recouvrement. De même, sur la forme, l'autorisation du juge[68] constitue un impératif, sauf si la saisie est pratiquée en vertu d'un titre exécutoire[69] ou que l'on se trouve dans l'un des cas de dispense prévus par le législateur[70].

---

[68] Art. 54 de l'AUPSRVE. Il convient de préciser à cet effet que la compétence pour autoriser une mesure conservatoire appartient en exclusivité au juge du domicile ou du lieu où demeure le débiteur, à l'exclusion de toute autre, notamment celui du lieu de résidence ou du domicile du représentant du débiteur, v. CA-Littoral, arrêt n° 090/REF, 23 mars 2009, aff. Sieur AMBASSA Éphrem c/ S.A. et EDEMAN – CACAO STE CAMCOS et autres, *Juridis Périodique* n° 84, oct.-déc. 2010, p. 109, obs. ASSONTSA (R.).

[69] Art. 55 de l'AUPSRVE.

[70] Il s'agit des cas prévues par l'article 55 alinéa 2 d'où il ressort les cas de défauts de paiement dument établis, d'une lettre de change acceptée, d'un billet à ordre, d'un chèque ou d'un loyers impayé après

En dehors de ces considérations préalables, la mise en œuvre des saisies conservatoires sur les biens immatériels tourne essentiellement autour de l'acte de saisie (**A**) et de sa dénonciation au débiteur saisie (**B**).

A- La réglementation de l'acte de saisie

37. L'acte de saisie s'entend comme un écrit d'huissier ou d'agent d'exécution signifié au tiers saisi qui marque le début des opérations de saisie[71]. Sa réglementation en droit OHADA est essentiellement marquée par la rigueur du formalisme qui l'entoure (**1**) et l'impérativité de sa dénonciation au débiteur (**2**).

1. La rigueur du formalisme de l'acte de saisie

38. Qu'il soit établi en vue d'une saisie conservatoire de créance ou d'une saisie conservatoire des droits d'associés et des valeurs mobilières, le contenu reste le même à quelques exceptions près. Les mentions devant figurer dans l'acte de saisie et qui leur sont nécessairement communes résultent de la lecture combinée des articles 77[72] et 85[73] de l'AUPSRVE. Il y ressort que l'acte de saisie dans les deux cas contiendra :

- l'énonciation des noms, prénoms et domiciles du débiteur et du créancier saisissant ou s'il s'agit des

---

commandement dès lors que celui-ci est dû en vertu d'un contrat de bail d'immeuble écrit.

[71] POUGOUÉ (P.-G.) et NJEUFACK TEMGWA (R.), *Saisies et mesures conservatoires de droits OHADA*, *op.cit.*, p. 78.

[72] Celui-ci détermine le contenu de l'acte de saisie dans le cas d'une saisie conservatoire de créance.

[73] Le contenu de l'acte de saisie en cas de saisie conservatoire des droits d'associés et des valeurs mobilières y est déterminé par renvoi aux dispositions de l'article 237 régissant la saisie des droits d'associés et des valeurs mobilières sous réserve du 3) où l'indication du titre exécutoire peut être remplacé par celle de l'autorisation de la juridiction compétente de pratiquer la saisie conservatoire.

personnes morales, de leurs dénomination, forme et siège social ;

- l'élection de domicile dans le ressort territorial juridictionnel où s'effectue la saisie si le créancier n'y demeure pas, toute signification ou offre pouvant y être faite ;
- l'indication de l'autorisation de la juridiction ou du titre en vertu duquel la saisie est pratiquée.
- le décompte des sommes pour lesquelles la saisie est pratiquée ;

39. Les deux dernières mentions révèlent une certaine distance entre le contenu des différents actes. C'est ainsi qu'en cinquième lieu, l'acte de saisie conservatoire des créances doit mentionner la défense faite au tiers de disposer des sommes réclamées dans la limite de ce qu'il doit ; tandis que celui de la saisie des droits d'associés et des valeurs mobilières indiquera simplement que la saisie rend indisponible l'intégralité des droits pécuniaires attachés aux parts sociales ou aux valeurs mobilières dont est titulaire le débiteur. On peut remarquer que cette première divergence caractérise les effets des différentes saisies. Il s'en déduit que la conséquence principale dans les deux cas étant l'indisponibilité des biens immatériels saisis, celle-ci est partielle dans le cas de la saisie conservatoire des créances en ce sens qu'elle est limitée au montant des sommes réclamées, alors qu'elle est totale pour ce qui concerne la saisie conservatoire des droits d'associés et des valeurs mobilières dans la mesure où elle affecte l'intégralité des droits pécuniaires y attachés.

40. En ce qui concerne la dernière mention, il s'agit du rappel de l'indisponibilité des biens saisis et de l'obligation pour le tiers saisi de faire connaître l'étendue de ses obligations à l'égard du débiteur ainsi que les modalités qui pourraient les affecter dans un délai maximum de cinq[74] ou huit[75] jours. La difficulté tient au fait qu'aucune sanction n'est prévue dans le cadre de la saisie conservatoire des droits d'associés et des valeurs mobilières pour le tiers qui contreviendrait à cette exigence, contrairement au cas de la saisie conservatoire des créances[76]. Un raisonnement analogique permettrait de conclure simplement à un report des sanctions prévues pour ce dernier cas à celui de la saisie des droits d'associés et des valeurs mobilières. Cependant, si le rapprochement entre les deux procédures est assez accentué, celui-ci connaît tout de même des limites[77]. Du coup, on comprend que la cour d'appel de Paris s'oppose à une éventuelle confusion[78]. C'est dans cette logique que la Cour de cassation française ne retient que la condamnation aux dommages et intérêts à titre de sanction s'agissant du tiers saisi qui, dans le cadre d'une saisie conservatoire des droits d'associés et des valeurs mobilières, ne défère pas à une interpellation à lui adressée[79]. Dans tous les cas, l'obligation d'information qui pèse sur le tiers n'est pas tributaire de l'existence effective d'une obligation de celui-ci vis-à-vis du débiteur saisi, la déclaration pouvant être affirmative ou négative[80].

---

[74] En ce qui concerne la saisie conservatoire des créances.

[75] Pour ce qui est de la saisie conservatoire des droits d'associés et des valeurs mobilières.

[76] L'article 156 alinéa 2 de l'AUPSRVE dispose que le tiers qui ne satisfait pas à cette obligation dans le cadre de la saisie des créances s'expose à être condamné au paiement des causes de la saisie, sans préjudice d'une condamnation aux dommages et intérêts.

[77] Celles-ci tiennent à ce que la saisie conservatoire des créances est convertie en saisie-attribution alors que celle des droits d'associés et des valeurs mobilières est convertie en saisie-vente.

[78] CA-Paris, 3e ch. Sect. B, 20 sept. 2007, n° 07/0051, *Dr. et proc.*, p. 362.

[79] Cass. 2e civ., 3 mai 2001, n° 99-18.265, *Bull. civ.* II. n° 90.

[80] ASSONTSA (R.), notes sous CA-Littoral, arrêt n° 030 du 14 jan. 2009, aff. Les Ets CHEDJEU c/ Sté Camerounaise de Dépôt Pétrolier (SCDP et autres), *Juridis Périodique* n° 84, oct.-déc. 2010, p. 111.

41. Le formalisme de l'acte de saisie est donc fortement imprimé d'une rigueur qui se matérialise par une réglementation détaillée laissant peu de choix aux parties dans la détermination de la forme de l'acte et de son contenu. Elle peut se justifier par la sensibilité d'une matière dans laquelle le législateur n'a pas entendu laisser à l'appréciation du créancier, des marges de manœuvre dans une opération où le débiteur risque fortement de perdre un ou plusieurs biens de son patrimoine, et parfois le minimum de survie. C'est dans ce même souci de protection du débiteur que le législateur exige la dénonciation de la saisie à celui-ci.

2. L'impérativité de la dénonciation au débiteur

42. Pour des raisons d'efficacité[81], le déclenchement des opérations de saisie conservatoire se fait sans commandement préalable[82]. Il reste tout de même qu'en définitive, c'est le débiteur qui supporte les conséquences d'une telle procédure et il est donc nécessaire de l'en informer une fois celle-ci enclenchée. C'est cette information que le législateur reconnaît sous l'appellation de dénonciation. Elle se fait au moyen d'un écrit appelé acte de dénonciation. Il s'agit d'un acte d'huissier ou d'agent d'exécution par lequel la saisie est portée à la connaissance du débiteur[83].

La dénonciation doit être faite dans un délai de huit jours à compter de la saisie ou plus particulièrement de la signification de l'acte de saisie au tiers saisi. Ce délai est prescrit à peine de caducité de la saisie conservatoire. Il convient de préciser que la signification dans ce cas se fait selon les formes de droit commun, c'est-à-dire qu'à défaut de la personne du débiteur, elle peut être faite à son domicile[84].

---

[81] POUGOUÉ (P.-G.) et NJEUFACK TEMGWA (R.), *Saisies et mesures conservatoires de droit OHADA*, *op.cit.*, p. 80.

[82] Art. 54 de l'AUPSRVE.

[83] Art. 79 de l'AUPSRVE.

[84] CCJA, arrêt n° 033/2007 du 22 nov. 2007, Compagnie des transports commerciaux dite COTRACOM et Aminata Youssouf c/ Banque

43. Son contenu est exhaustivement prévu par le législateur OHADA qui, plus que pour le cas de l'acte de saisie, prescrit des mentions pratiquement identiques aussi bien pour la dénonciation de la saisie conservatoire des créances que pour celle de la saisie conservatoire des droits d'associés et des valeurs mobilières, à cette exception près que l'acte de dénonciation de cette dernière doit contenir en outre une mention qui n'est pas exigée pour l'autre. Il s'agit de la mention justifiant de l'élection de domicile dans le ressort territorial où s'effectue la saisie si le créancier n'y demeure pas, toutes les significations ou offres pouvant être faites à ce domicile[85].

44. On peut toutefois s'interroger sur l'intérêt d'une telle exigence dans l'acte de dénonciation de la saisie, dans la mesure où celle-ci figure déjà parmi les mentions impératives de l'acte de saisie. Le créancier élirait-il domicile deux fois au même endroit ? Il semble plus logique de penser que l'acte de saisie étant destiné au tiers saisi, le débiteur saisi n'en a pas en principe connaissance du contenu et le report d'une telle exigence dans l'acte de dénonciation répond simplement à un besoin d'information du débiteur saisi. L'idée est d'autant plus plausible que l'une des fonctions principales de la dénonciation est l'information du débiteur afin de permettre à celui-ci de prendre acte des diligences du créancier saisissant[86].

Seulement, l'admission d'une telle explication laisserait subsister une autre ambigüité sur la raison du défaut de cette exigence dans l'acte de dénonciation de la saisie conservatoire des créances. Le débiteur dont les créances sont

---

internationale de l'Afrique de l'Ouest- Cote d'Ivoire dite BIAO-CI, *Recueil n° 10* juil.-déc. 2007, p. 23 et s.

85 Art. 86 de l'AUPSRVE.

86 POUGOUÉ (P.-G.) et NJEUFACK TEMGWA (R.), *Saisies et mesures conservatoires de droit OHADA*, *op.cit.*, p. 82.

saisies n'aurait-il pas besoin d'être informé de l'élection de domicile faite au lieu où s'effectue la saisie par le créancier ? La réponse est à notre sens positive. Il semble dès lors judicieux qu'une telle mention soit également exigée dans l'acte de dénonciation de la saisie conservatoire des créances. Sous réserve de cette seule divergence, l'acte de dénonciation de la saisie dans les deux cas, doit également contenir[87] :

- une copie de l'autorisation de la juridiction ou du titre en vertu duquel la saisie a été pratiquée ;
- une copie du procès-verbal de saisie ;
- la mention en caractère très apparent, du droit qui appartient au débiteur, si les conditions de validité de la saisie ne sont pas réunies d'en demander la mainlevée à la juridiction du lieu de son domicile ;
- la désignation de la juridiction devant laquelle seront portées toutes les autres contestations, notamment celles relatives à l'exécution de la saisie ;
- la reproduction des articles 62 et 63 de l'Acte uniforme. Le premier fonde le débiteur à demander la mainlevée de la saisie auprès de la juridiction compétente lorsque le créancier ne justifie pas de la réunion des conditions de validité de la saisie, et le second quant à lui désigne de façon précise la juridiction compétente pour recevoir la demande de mainlevée. Il s'agit de celle ayant autorisé la mesure ou, si cette dernière a été prise sans autorisation, celle du domicile ou du lieu où demeure le débiteur.

45. Une fois ces diligences accomplies, la dénonciation permettra au débiteur d'en prendre acte et éventuellement de contester la saisie. Du comportement de celui-ci, dépendra la

[87] Ces impératifs résultent de la combinaison des articles 79 et 86 de l'AUPSRVE.

suite de la procédure. Celle-ci prendra fin s'il décide de payer les sommes qui lui sont réclamées ou s'il élève contre la saisie des contestations considérées comme fondées par le juge. En dehors de ces deux cas, la procédure suivra son cours et la mesure conservatoire sera convertie en mesure d'exécution.

B- La convertibilité des saisies conservatoires en mesure d'exécution

46. À moins que la saisie conservatoire n'ait été opérée en vertu d'un titre exécutoire, le créancier saisissant dispose d'un délai d'un mois pour accomplir les formalités nécessaires en vue d'obtenir ledit titre[88]. Une fois obtenu, le titre exécutoire permet au créancier, à défaut de payement ou de motif légitime de contestation de la part du débiteur, de procéder à la conversion de la mesure conservatoire en mesure d'exécution forcée[89]. Selon qu'il s'agit de la saisie conservatoire des créances ou de celle des droits d'associés et des valeurs mobilières, la procédure sera convertie en saisie-attribution (**1**) ou en saisie-vente (**2**).

1. La conversion de la saisie conservatoire des créances en saisie-attribution

47. La conversion de la saisie conservatoire de créances en saisie-attribution se fait au moyen d'un acte de conversion adressé au tiers saisi. Le législateur communautaire n'a pas précisé la nature de l'acte, mais on peut très bien penser qu'il

---

[88] Art. 61 de l'AUPSRVE. Sur le type de procédure à engager, lire ASSONTSA (R.), obs. sous CA-Littoral, arrêt n° 112/REF du 13 mai 2009, aff. La Société Comptoir d'Approvisionnement et de Traitement Chimique (CETRAC) Sarl c/ Sieur SIGHAMNWE Joseph, *Juridis Périodique* n° 84, oct.-nov.-déc. 2010, p. 107 et s.

[89] MOUAFO (H.), L'évolution de la saisie conservatoire de droit commun en droit positif camerounais (De l'article 317 du CPCC à l'OHADA), Mémoire de maitrise, Université de Dschang, 1998, p. 62.

s'agit d'un acte d'huissier ou d'agent d'exécution[90]. L'acte de conversion informe le tiers que dans la limite des sommes dues en principal, frais et intérêts échus, la demande entraîne attribution immédiate de la créance saisie au profit du créancier[91]. Comme pour les cas précédents, le contenu de l'acte de conversion est intégralement fixé par le législateur. L'acte doit à cet effet contenir[92] :

- les noms, prénoms et domiciles du saisi et du saisissant ou, s'il s'agit des personnes morales, leurs forme, dénomination et siège social ; la détermination de ce dernier répond aux exigences de l'AUDSCGIE d'après lequel le siège social ne peut pas être constitué uniquement par une domiciliation à une boîte postale. Il doit être indiqué par une adresse ou une indication géographique suffisamment précise[93].
- la référence au procès-verbal de saisie conservatoire ;
- la copie du titre exécutoire sauf si celui-ci a déjà été communiqué lors de la signification du procès-verbal de saisie, auquel cas il est seulement mentionné ;
- le décompte des sommes dues en principal, frais et intérêts échus ainsi que l'indication du taux des intérêts ;
- une demande de paiement des sommes précédemment indiquées à concurrence de celles dont le tiers s'est reconnu ou a été déclaré débiteur.

48. Par la suite, une copie de l'acte de conversion doit impérativement être signifiée au débiteur saisi[94]. Il s'agit pour le créancier d'informer ce dernier des suites de la procédure

[90] NJEUFACK TEMGWA (R.), « Mesures conservatoires », préc., p. 1766.
[91] Art. 82 al. 2 de l'AUPSRVE.
[92] Art. 82 al. 1er de l'AUPSRVE.
[93] Art. 25 de l'AUDSCGIE.
[94] Art. 83 de l'AUPSRVE.

et de lui permettre si besoin est, de contester l'acte de conversion. Le débiteur dispose à cet effet d'un délai de 15 jours pour saisir la juridiction de son domicile ou du lieu où il demeure. Ce délai court à compter de la signification de l'acte de conversion. Il est à noter que le débiteur dispose seul de la qualité pour contester l'acte de conversion. Dès lors, l'action du tiers saisi en la matière sera déclarée irrecevable pour défaut de qualité et d'intérêt pour agir[95].

49. Les déclarations du tiers saisi ont cependant une incidence certaine sur l'issue de la procédure. Celles-ci sont considérées comme vraies pour les besoins de la procédure si elles n'ont fait l'objet d'aucune contestation avant l'acte de conversion[96]. En l'absence de contestation, le tiers saisi effectue le payement au créancier ou à son mandataire sur présentation d'un certificat du greffe attestant l'absence de contestation[97]. Le mandataire qui reçoit les sommes doit justifier préalablement d'un pouvoir spécial et informer immédiatement le mandant une fois les sommes reçues. Toutefois, le paiement peut intervenir avant l'expiration du délai de contestation si le débiteur a déclaré par écrit ne pas contester l'acte de conversion[98]. Le paiement éteint dès lors l'obligation du débiteur et celle du tiers saisi dans la limite des sommes versées[99]. Le refus de payement par le tiers saisi, offre la possibilité au créancier saisissant d'obtenir auprès de la juridiction compétente[100] la délivrance d'un titre exécutoire contre celui-ci[101].

---

[95] Section de Tribunal de Toumodi, Jug. n° 29 du 31 juil. 2001, SGBCI c/ C, *le Juris-Ohada* n° 1/ 2005 janv.-mars 2005, p. 37, ohada.com/ *Ohadata* J-05-194.

[96] Civ 2e, 08 déc. 2011, *RTD Com* n° 2, avril-juin 2012, p. 377-378, obs. PERROT (R.).

[97] Art. 83 al. 3 de l'AUPSRVE.

[98] Art. 83 al. 3 de l'AUPSRVE.

[99] Art. 165, al. 2, de l'AUPSRVE.

[100] Il s'agit là du juge du contentieux de l'exécution défini à l'article 49 à l'exclusion de tout autre, notamment le juge des référés, voir CA-Centre,

50. Si la conversion de la saisie conservatoire des créances débouche sur l'attribution de la créance saisie au créancier saisissant[102], celle des droits d'associés et des valeurs mobilières conduit plutôt à la vente de ceux-ci.

2. La conversion de la saisie conservatoire des droits d'associés et des valeurs mobilières en saisie-vente

51. Comme pour le cas de la saisie conservatoire des créances, le créancier qui met en œuvre une saisie conservatoire des droits d'associés et des valeurs mobilières, bénéficie de la prérogative de conversion en mesure d'exécution, si le débiteur ne paye pas et dès que les conditions d'exécution sont établies. Seulement, dans le cas de la saisie conservatoire des droits d'associés et des valeurs mobilières, la conversion donne naissance à la saisie-vente. La mise en œuvre de la conversion est laissée par le législateur à la diligence du créancier qui n'est tenu par aucun délai. Il est toutefois de son intérêt d'agir rapidement pour éviter les désagréments d'une éventuelle procédure collective ou cessation de paiement du débiteur[103]. Le contenu de l'acte de conversion dans ce cas se rapproche de celui de l'acte de conversion de la saisie conservatoire des créances tout en gardant quelques différences pour tenir compte de la

---

arrêt n° 435/CIV du 13 sept. 2013, aff. COURTASSUR SARL c/ Dogmo Augustin, *Juridis Périodique* n° 103, juill.-août-sept. 2015, p. 69, obs. ASSONTSA (R.).

[101] Art. 168 de l'AUPSRVE.

[102] Cette attribution ne signifie pas cependant paiement, v. ASSONTSA (R.), obs. sous CA-Centre, arrêt n° 561/CE du 15 nov. 2013, aff. Société Géovic Cameroon SA c/ Brent Horochuck, *Juridis Périodique* n° 103, juill.-août-sept. 2015, p. 72 et s.

[103] L'acte de conversion pourrait se voir insérée dans la catégorie des opérations de la période suspecte ; voir en ce sens POUGOUÉ (P.-G.) et NJEUFACK TEMGWA (R.), *Saisies et mesures conservatoires de droit OHADA*, *op.cit.*, p. 92.

particularité des biens saisis. L'acte doit donc contenir à peine de nullité[104] :

- les noms, prénoms et domiciles du saisi et du saisissant ou, s'il s'agit des personnes morales, leurs forme, dénomination et siège social ;
- la référence au procès-verbal de saisie conservatoire ;
- la copie du titre exécutoire, sauf si celui-ci a déjà été communiqué lors du procès-verbal de saisie, auquel cas il est simplement mentionné ;
- le décompte des sommes dues en principal, frais et intérêts échus ainsi que l'indication du taux des intérêts ;
- un commandement d'avoir à payer cette somme, faute de quoi il sera procédé à la vente des biens saisis, ainsi que l'indication en caractère très apparent que le débiteur dispose d'un délai d'un mois pour procéder à la vente amiable dans les conditions fixées par les articles 115 à 119 de l'AUPSRVE.
- La reproduction des articles 115 à 119 de l'AUPSRVE. Ceux-ci font référence à l'autorisation de la vente amiable par le débiteur des biens saisis[105] et aux conditions générales de cette vente. Elle doit intervenir dans le délai d'un mois à compter de la notification du procès-verbal de saisie[106]. Lorsque des propositions lui sont faites, le débiteur en informe l'huissier ou l'agent d'exécution qui se charge de les communiquer au créancier saisissant et aux créanciers opposants par lettre recommandée avec avis de réception ou par tout moyen laissant trace écrite. Ceux-ci disposent d'un

[104] Art. 88 de l'AUPSRVE.
[105] Art. 115 de l'AUPSRVE.
[106] Art. 116 al. 1er de l'AUPSRVE.

délai de quinze jours pour accepter la vente amiable, la refuser ou se porter acquéreurs[107]. Une fois les biens vendus, le prix fera l'objet au choix du créancier saisissant, d'une consignation entre les mains de l'huissier ou l'agent d'exécution ou au greffe. Le défaut de consignation dans les délais impartis donne lieu immédiatement à la vente forcée[108].

52. La réalisation de la saisie se fait par la vente des biens saisis. Celle-ci peut être amiable tel que le précise l'acte de conversion, ou forcée. Dans ce dernier cas, le principe est qu'elle se fait sous forme d'adjudication, à la demande du créancier et sur présentation d'un certificat du greffe attestant qu'aucune contestation n'a été formée dans le mois suivant la dénonciation de la saisie ou, le cas échéant, d'une décision rejetant la contestation soulevée par le débiteur. Cette vente est organisée par les articles 240 à 244 de l'AUPSRVE.

53. Les saisies conservatoires sur les biens immatériels marquent clairement la volonté du législateur OHADA de protéger la créance en permettant au créancier de mettre les biens incorporels du débiteur sous-main de justice pour garantir le payement de sa créance le moment venu. Cette volonté protectrice est d'autant plus manifeste que le législateur organise également les mesures d'exécution sur cette catégorie de biens pour assurer l'effectivité du paiement de la créance.

Section II : Les saisies exécutoires sur les biens immatériels

54. L'exécution participe de la sécurité juridique[109]. C'est cette logique qui fonde les saisies exécutoires en droit

[107] Art. 117 de l'AUPSRVE.
[108] Art. 118 de l'AUPSRVE.
[109] POUGOUÉ (P.-G.) et TEPPI KOLLOKO (F.), *La saisie-attribution des créances OHADA*, PUF, Paris, 2005, p. 7.

OHADA. Il s'agit des voies d'exécution qui visent la satisfaction directe et immédiate du créancier saisissant[110]. Les biens immatériels ont dans cette optique fait l'objet d'une attention particulière de la part du législateur. La réforme a consacré un ensemble de saisies spécifiques aux biens incorporels. Malgré leur caractère exécutoire commun, elles obéissent à des régimes juridiques partiellement identiques. Dans cette logique, leurs conditions de déclenchement font l'objet d'une réglementation uniforme (**paragraphe I**) qui contraste avec la disparité de leurs procédures de mise en œuvre (**paragraphe II**).

Paragraphe I : L'uniformité des conditions préalables de déclenchement des saisies exécutoires sur les biens immatériels

55. S'il est une remarque particulière à faire à la suite de l'analyse générale des mesures d'exécution sur les biens immatériels en droit OHADA, c'est bien qu'elles obéissent aux mêmes conditions préalables à leurs déclenchements. Il en résulte que leur mise en œuvre nécessite prioritairement le respect de deux exigences principales : d'une part la présence impérative de trois acteurs (**A**) et d'autre part la nécessaire maturité de la créance cause de saisie (**B**).

A- Le tripartisme des acteurs à la procédure

56. Les acteurs à la procédure sont ceux dont l'intervention active conditionne le déroulement de la procédure. Les saisies exécutoires sur les biens immatériels en droit OHADA font nécessairement intervenir trois personnes. La relation initiale permet d'identifier prioritairement le créancier saisissant et le débiteur saisi (**1**) pour enfin constater le rôle actif du tiers saisi (**2**).

---

[110] NDZUENKEU (A.), « L'OHADA et la réforme des procédures civiles d'exécution en droit Africain : l'exemple du Cameroun », préc., p. 118.

1. L'existence de la relation initiale créancier-débiteur

57. Les voies d'exécution sont tributaires de l'obligation initiale qui caractérise le rapport entre le créancier et le débiteur. Le créancier doit exister, être capable et bénéficier du droit et du pouvoir d'agir[111].

58. Relativement à l'existence du créancier, celui-ci doit être en vie au moment de la saisie. Toute procédure engagée au nom d'une personne prédécédée est dès lors viciée et encourt nullité. Cependant, le prédécès du créancier ne justifie pas la libération du débiteur. La procédure de saisie peut encore être engagée par les ayants droit du défunt en leurs noms et pas en celui du défunt qui a juridiquement cessé d'exister. C'est cette existence juridique qui conditionne la capacité et le pouvoir de saisir.

59. La capacité s'entend de façon générale comme l'aptitude à exercer les droits et obligations dont on est titulaire[112]. Elle dispose d'une double facette composée de la capacité de jouissance d'une part et de celle d'exercice d'autre part. Si la première s'acquiert de manière automatique à la naissance[113], la seconde ne bénéficie en principe à l'individu qu'à sa majorité. C'est de celle-ci qu'il est question dans le cadre des voies d'exécution et sa détermination est laissée à la diligence des États membres de l'OHADA.

60. En ce qui concerne le droit et le pouvoir d'agir, le premier appartient au créancier bénéficiaire du titre dont l'exécution est envisagée[114]. Il peut cependant être transmis, pour cause de décès, aux ayants droit à titre universel ou particulier du défunt. La transmission entre vifs peut aussi se

---

[111] POUGOUÉ (P.-G.) et TEPPI KOLLOKO (F.), *La saisie attribution des créances OHADA*, *op.cit.*, p. 9.
[112] *Ibidem.*
[113] Voir en ce sens l'article 725 du Code civil camerounais en ce qu'il reconnait à l'enfant simplement conçu de venir à la succession.
[114] Art. 31 de l'AUPSRVE.

faire dans le cadre de la cession de créance. Le pouvoir d'agir désigne quant à lui l'aptitude à agir au nom et pour le compte d'une personne morale ou d'une personne atteinte d'une incapacité d'exercice[115]. Dès lors, les mandataires légaux des personnes incapables peuvent instrumenter les opérations de saisie en leurs noms propres mais pour le compte de ceux qu'ils représentent. Ce pouvoir revient également aux mandataires judiciaires et conventionnels munis d'une procuration. Ainsi, l'AUPSRVE parle certes de tout créancier[116], mais il doit s'agir en réalité d'un créancier existant au moment de la saisie, capable et disposant du droit et du pouvoir de saisir[117].

61. En ce qui concerne le débiteur, la procédure peut-être diligentée contre lui personnellement, ou son représentant lorsqu'il s'agit d'une personne incapable ou encore contre ses ayants droit en cas de décès.

62. Si les procédures de saisies sont essentiellement fondées sur le rapport d'obligation existant entre le créancier et le débiteur, il reste qu'en matière de saisie des biens immatériels, la participation d'un tiers s'avère nécessaire.

2. La nécessaire participation d'un tiers

63. Le tiers s'identifie comme le troisième acteur des procédures de saisies sur les biens immatériels. La valeur des biens immatériels étant rarement détenue par le débiteur lui-même, la saisie, pour être efficace, doit s'orienter vers la personne qui la détient. Cette dernière est reconnue par le législateur en qualité de tiers saisi. Le législateur OHADA n'a pas pris le soin de définir la notion de tiers saisi. Il s'est simplement contenté de sa qualité de débiteur du débiteur

---

[115] GUILLIEN (R.) et VINCENT (J.), *Lexique des termes juridiques*, 18e éd., Dalloz, Paris, 2011.
[116] Art. 153 de l'AUPSRVE.
[117] POUGOUÉ (P.-G.) et TEPPI KOLLOKO (F.), *La saisie attribution des créances OHADA*, *op.cit.*, p. 11.

saisi dans certains cas[118], tout en dressant une liste limitative des personnes à considérer comme tiers saisis dans d'autres[119].

Cependant, le critère qui permet d'identifier le tiers saisi comme le débiteur du débiteur mérite d'être reprécisé. En effet, il s'est posé la question de savoir si toute personne débitrice du débiteur saisie pouvait avoir la qualité de tiers saisi[120]. À cette question, la jurisprudence répond par la négative tout en précisant que le terme tiers-saisi désigne la personne qui détient des sommes d'argent dues au débiteur saisi en vertu d'un pouvoir indépendant, même si elle les détient pour le compte d'autrui[121]. Cette affirmation exclue dès lors de la qualité de tiers saisi, les personnes qui détiennent les sommes et biens appartenant au débiteur en vertu d'un quelconque lien de subordination[122].

64. Une autre difficulté, tout aussi importante, a consisté à se demander si la qualité de créancier pouvait se combiner avec celle de tiers saisi sur la tête d'une même personne. Le fondement de cette interrogation réside dans le fait que le créancier peut en même temps être débiteur de son débiteur. Dans une telle situation, il est évident de penser au principe de la compensation qui préconise l'extinction réciproque des dettes jusqu'à concurrence de leurs quotités respectives[123].

---

[118] Il en est ainsi pour la saisie des créances et celle des biens mobiliers du débiteur détenus par un tiers

[119] C'est le cas en matière de saisie des droits d'associés et des valeurs mobilières.

[120] POUGOUÉ (P.-G.) et TEPPI KOLLOKO (F.), *La saisie attribution des créances OHADA*, *op.cit.*, p. 11.

[121] CCJA, arrêt n° 584 du 03 mai 2002, aff. Société AFROCOM-CI c/ Citibank, préc., p. 56 et s.

[122] Sont donc exclus de la qualité de tiers saisi les personnes liées au débiteur saisi par un contrat de travail. C'est l'exemple du caissier d'une entreprise.

[123] Art. 1290 du Code civil camerounais. Lire également, ASSONTSA (A.) et ZEUMO NGUENANG (M.), « Pédalage ou rétropédalage du

Seulement, les conditions de la compensation peuvent n'être pas réunies[124] . Dans ce cas, le débiteur du créancier qui est au même moment créancier de celui-ci, doit-il se libérer à son profit des sommes qu'il lui doit, rendant ainsi le recouvrement de sa propre créance incertain ? Cette interrogation pose le problème de la saisie-attribution sur soi-même. Si l'admissibilité de celle-ci a fait l'objet d'une véritable controverse dans le cadre de l'ancienne saisie-arrêt[125], il ne devrait plus à nos jours y avoir d'incertitude en la matière, eu égard à l'exigence impérative du titre exécutoire pour la pratique de la saisie-attribution qui lui a succédé[126].

65. Il en ressort qu'au total, les mesures d'exécution sur les biens immatériels en droit OHADA nécessitent impérativement une participation active de la troisième partie qui ne peut s'identifier au créancier saisissant. La procédure est donc tripartite et la créance cause de la saisie doit être mature.

B- La maturité de la créance cause de la saisie

66. La maturité fait référence à une créance dont les caractéristiques principales nécessaires à son recouvrement sont réunies. Il s'agit des conditions liées à la créance cause

---

législateur africain… Notes sans rigueur aucune autour de la compensation en droit OHADA de l'exécution forcée », *RTSJ* n° 5, janv.-déc. 2013, p. 140 et s.

[124] À cet effet, l'article 1291 du Code civil exige, pour faire jouer la compensation, que les deux dettes soient certaines liquides et exigibles.

[125] En effet, la nature conservatoire de la première phase de l'ancienne saisie arrêt permettait de penser que le débiteur pouvait saisir sur soit même les sommes qu'il devait en attendant que les conditions de la compensation soient réunies ; voir dans ce sens POUGOUÉ (P.-G.) et TEPPI KOLLOKO (F.), *La saisie attribution des créances OHADA, op.cit.*, p. 22-23.

[126] POUGOUÉ (P.-G.) et TEPPI KOLLOKO (F.), *La saisie attribution des créances OHADA*, *op.cit.*, p. 23.

de la saisie. Si les saisies conservatoires peuvent être engagées en vertu d'une créance simplement fondée en son principe[127], les saisies d'exécution nécessitent que le principe de la créance soit parfait, c'est-à-dire que celle-ci doit être certaine, liquide et exigible[128]. La certitude de la créance se déduit naturellement de l'exigence d'un titre exécutoire (**1**), tandis la liquidité et l'exigibilité font l'objet d'impératifs explicites (**2**).

1. La certitude évidente de la créance par l'exigence d'un titre exécutoire

67. La créance est certaine lorsque son existence ne fait l'objet d'aucun doute, c'est-à-dire qu'elle n'est pas ou plus contestable[129]. Sans l'évoquer de manière expresse, le législateur uniforme fonde la certitude de la créance sur l'exigence du titre exécutoire[130], en ce sens qu'une créance matérialisée par un tel titre ne peut plus en principe être contestée. Cependant, il faut reconnaître que la technique législative qui consiste à fonder implicitement la certitude de la créance sur la possession d'un titre exécutoire est empreinte d'inexactitude, car l'admission des titres exécutoires par provision[131] conduit à la pratique des mesures d'exécution en vertu des titres encore contestables[132]. Fidèle à

---

[127] Art. 54 de l'AUPSRVE.

[128] Art. 131 de l'AUPSRVE.

[129] TCHOU-BAYO (J. P.), « Saisie-vente », *in* POUGOUÉ (P.-G.) (dir.), *Encyclopédie du droit OHADA, op.cit.*, p. 1777.

[130] Il s'agit là d'une exigence commune à toutes les saisies exécutoires de l'OHADA. Les articles 153 et 237 de l'AUPSRVE en constituent la manifestation pour les saisies sur les biens immatériels.

[131] Art 32 de l'AUPSRVE.

[132] La question s'est à cet effet posée devant la cour d'appel du Littoral quant à de la capacité du juge des référés à délivrer un titre exécutoire. Si la réponse apportée était affirmative, celle-ci a tout de même suscité quelques inquiétudes, relativement à l'hypothèse où la décision provisoire serait suivie de contestation. En effet, on se retrouverait dans cette optique, embarqués dans un enlisement des procédures allant du

sa technique de l'énumération, le législateur OHADA n'a pas donné de définition précise à la notion de titre exécutoire. On peut tout de même l'entendre comme tout acte considéré comme tel ou tout titre permettant de recourir à l'exécution forcée[133]. L'article 33 de l'AUPSRVE énumère les actes que le législateur considère comme des titres exécutoires. Il s'agit :

- des décisions juridictionnelles revêtues de la formule exécutoire et celles qui sont exécutoires sur minute ;
- des actes et décisions juridictionnelles étrangers ainsi que des sentences arbitrales déclarées exécutoires par une décision juridictionnelle, non susceptible de recours suspensif d'exécution, de l'État dans lequel ce titre est invoqué ;
- des procès-verbaux de conciliation signés par le juge et les parties[134] ;
- des actes notariés revêtus de la formule exécutoire ;
- des décisions auxquelles la loi nationale de chaque État-partie attache les effets d'une décision judiciaire.

68. On peut très bien constater que la dernière formulation vise à éviter les désagréments d'une énumération peu prudente, car il pourrait arriver que certains titres exécutoires reconnus par les législations nationales des États-parties échappent à une telle énumération. Le législateur

---

provisoire au provisoire et du provisoire au fond ; voir CA-Littoral, arrêt n° 226/REF du 23 nov. 2009, aff. Société Espace Vision (option médicale) Sarl c/ SEHC Holly Wood Hôtel, *Juridis Périodique* n° 84, oct.-déc. 2010, p. 104, obs. ASSONTSA (R.).

[133] POUGOUÉ (P.-G.) et TEPPI KOLLOKO (F.), *La saisie attribution des créances OHADA*, *op.cit.*, p. 24.

[134] Sur la question des procès-verbaux de conciliation, lire ANOUKAHA (F.), « Le juge du contentieux de l'exécution des titres exécutoires : le législateur camerounais persiste et signe…l'erreur », *Juridis Périodique* n° 70, avril-mai-juin 2007, p. 35 et s.

reconnaît dès lors l'existence d'autres titres exécutoires ne figurant pas dans cette liste. Seulement, ceux-ci doivent bénéficier d'une reconnaissance de la loi nationale. C'est ainsi qu'il a été refusé la qualité de titre exécutoire aux décisions des autorités administratives indépendantes[135] et a un jugement non exécutoire sur minute contre lequel un appel avait été formé[136]. La qualité de titre exécutoire a par contre été reconnue à l'acte de contrainte de l'administration fiscale au motif que la loi nationale lui attache les effets d'une décision de justice[137].

69. Il convient en outre de préciser que le caractère exécutoire d'un acte se matérialise par la formule exécutoire qui lui est apposée. Toutefois, l'apposition de la formule exécutoire à elle seule ne suffit pas toujours pour conférer à un acte la qualité de titre exécutoire. Encore faut-il que l'acte sur lequel la formule exécutoire est apposée soit un véritable titre. Dès lors, une lettre du délégué provincial de l'emploi contenant le calcul des droits d'un employé professionnellement reclassé et sur lequel a été apposée une formule exécutoire, ne peut être considérée comme un titre exécutoire[138].

70. Le titre exécutoire manifeste en principe la certitude de la créance. Celle-ci doit en outre satisfaire aux conditions

---

[135] CCJA, arrêt n° 009/2008 du 27 mars 2008, Société de Cote d'Ivoire Telecom c/ Société Lotery Telecom, GD-CCJA, p. 371, obs. Nemeudeu (R.), cité par NDIAW (D.), *in OHADA. Traité et Actes Uniformes commentés et annotés*, 4e éd., Juriscope, Bruylant, Bruxelles, 2012, note sous article 33 de l'AUPSRVE, p. 1013.
[136] Abidjan, Ch. Civ. et Com., arrêt n° 12800 du 02 déc. 2003, L'entreprise Afridiv et Classic c/ Zahui Charles, juscope.org.
[137] TPI Dschang, ord. de référé n° 1/ADD du 06 oct. 2003, Dame Tassi Valentine c/ Le receveur provincial des impôts de l'ouest à Bafoussam et Yemele Émile, ohada.com/Ohadata J-05-113.
[138] PTPI de Yaoundé, ordonnance de référé n° 310 du 13 déc. 2001, cité par POUGOUÉ (P.-G.) et TEPPI KOLLOKO (F.), *La saisie attribution des créances OHADA*, *op.cit.*, p. 26.

de liquidité et d'exigibilité pour que la mesure exécutoire soit praticable.

2. L'impérativité des caractères liquide et exigible de la créance

71. Les caractères liquide et exigible de la créance font l'objet de mentions expresses de la part du législateur OHADA[139]. Ils s'analysent comme des compléments nécessaires au titre exécutoire pour la maturation de la créance et par ricochet, la naissance du droit du créancier à pratiquer une saisie exécutoire sur les biens de son débiteur.

72. La liquidité de la créance suppose que le montant de celle-ci soit déterminé non en nature, mais en argent[140]. En d'autres termes, l'équivalent en numéraire doit-être connu[141]. Cette exigence s'explique par la nécessité de connaître le montant exact de la saisie afin de ne pas permettre des saisies hors de proportion avec le montant de la créance alléguée[142]. La recherche de cette proportion peut présenter un intérêt particulier pour certaines saisies où le montant de la créance conditionne l'étendue de la mesure. Il en est ainsi en ce qui concerne les biens incorporels, de la saisie-attribution des créances qui produit un effet attributif limité au montant de la cause[143].

---

[139] Art.153 de l'AUPSRVE.

[140] TCHOU-BAYO (J. P.), « Saisie-vente », *in* POUGOUÉ (P.-G.) (dir.), *Encyclopédie du droit OHADA*, *op.cit.*, p. 1777.

[141] KERE KERE (G.), « Le droit commun de l'exécution forcée dans l'espace OHADA », *RASJ* n° 1, 2010, p. 68.

[142] La jurisprudence annule la saisie pratiquée pour un montant supérieur à celui contenu dans le titre exécutoire, v. CA-Centre, ord. n° 249/CIV du 13 mai 2011, aff. M. NDIE Jean c/ Mme NGINANG Ephigénie et autres, *RDA0* n° 2, 2012, p. 90 et s., obs. ASSONTSA (R.).

[143] Cet intérêt n'est pas exclusif à la saisie-attribution. En matière de saisie immobilière également, le débiteur peut obtenir du juge qu'il soit sursis aux poursuites sur un ou plusieurs immeubles visés dans le commandement, lorsque la valeur des immeubles saisis dépasse celle de la créance. Le même intérêt se retrouve toujours en matière immobilière

73. L'exigibilité quant à elle s'entend de l'état d'une créance dont le paiement peut immédiatement être réclamé. Elle désigne l'état des créances arrivées à échéance à la date de la saisie[144]. Elle permet d'exclure du champ des mesures d'exécution, les créances à terme, à moins que le débiteur n'en ait été déchu. De même, les créances pour lesquelles le débiteur a obtenu un délai de grâce sont dépourvues d'exigibilité et demeurent insusceptibles de recouvrement forcé.

74. Finalement, la créance cause de la saisie en matière de saisie exécutoire doit être constatée dans un titre exécutoire et remplir cumulativement les conditions de liquidité et d'exigibilité à la date de la saisie. La créance doit donc être complètement mature. Cette dernière exigence qui traduit un véritable rapprochement entre les diverses procédures de saisies exécutoires sur les biens immatériels en droit OHADA, rompt avec la disparité qui caractérise celles-ci dans leur mise en œuvre.

Paragraphe II- La disparité des procédures de mise en œuvre des saisies exécutoires sur les biens immatériels

75. L'exécution forcée sur les biens incorporels en droit OHADA est marquée par une diversité de procédures organisées par le législateur communautaire pour tenir compte des particularités propres à chaque type de biens incorporels. Le législateur communautaire s'est principalement intéressé aux créances de somme d'argent par l'organisation d'une pluralité de procédures variant en fonction de la nature de la créance (**A**). Il a en outre accordé

---

lorsque le législateur autorise la suspension de la saisie immobilière si le débiteur justifie que le revenu net et libre des immeubles pendant deux ans suffit pour payer la dette en capital, frais et intérêts et s'il en offre la délégation au créancier.

[144] POUGOUÉ (P.-G.) et TEPPI KOLLOKO (F.), *La saisie attribution des créances OHADA*, *op.cit.*, p. 26.

un intérêt particulier aux droits d'associés et aux valeurs mobilières qui bénéficient d'une procédure spécifique (**B**).

A- La pluralité des procédures d'exécution sur les créances de sommes d'argent

76. Il est organisé en droit OHADA, une procédure principale faisant office de droit commun en matière de saisie des créances de sommes d'argent. À côté d'elle, s'épanouissent d'autres procédures qui trouvent à s'appliquer lorsque la créance fait l'objet d'une particularité manifestée par l'existence d'un intérêt légitime que le législateur voudrait protéger. Dans le premier cas, il est question de la saisie-attribution de droit commun (**1**), tandis que dans le second, il s'agit des saisies-attributions spéciales (**2**).

1. La saisie-attribution de droit commun

77. La saisie-attribution peut se définir comme la voie d'exécution par laquelle un créancier muni d'un titre exécutoire bloque entre les mains d'un tiers les sommes d'argent qui sont dues par celui-ci à son débiteur en vue de se les faire attribuer[145]. Contrairement à l'ancienne saisie-arrêt, la saisie-attribution est spécifique aux créances de sommes d'argent[146]. Elle s'en démarque également par sa procédure qui est exécutoire dès le départ. La mise en œuvre de cette procédure se heurte dans la pratique à une controverse manifeste, basée sur l'existence d'une condition préalable que le législateur aurait ou n'aurait pas exigée[147]. Il s'agit de

---

[145] NDIAW (D.), *in OHADA : Traité et Actes Uniformes commentés et annotés*, *op.cit.*, p. 1013.

[146] GNAGNE YEDMEL (N.), *La saisie-attribution à l'épreuve de la procédure collective*, thèse de Master, Université de Paris I, 2012, p. 2.

[147] ONANA ETOUNDI (F.), « La réforme des procédures de recouvrement et voies d'exécution en droit OHADA : Étude pratique de législation et de jurisprudence », *RDUA* n° 001, 2010, p. 34.

la signification préalable au débiteur du commandement de payer.

En effet, les dispositions régissant de façon spécifique la saisie-attribution ne laissent guère penser à l'exigence, comme en matière de saisie-vente[148], d'un commandement préalable à la saisie. Il est simplement exigé que *le créancier procède à la saisie par un acte signifié au tiers par l'huissier ou l'agent d'exécution* [...] [149]. Dès lors, la signification d'un commandement n'est pas une formalité obligatoire ou prescrite à peine de nullité[150]. Cependant, cette position semble contraster avec celle prévue par les dispositions générales de l'AUPSRVE, notamment l'article 35 qui dispose que *Toute personne qui, à l'occasion d'une mesure propre à assurer l'exécution ou la conservation d'une créance, se prévaut d'un document, est tenue de le communiquer ou d'en donner copie si ce n'est dans le cas où il aurait été notifié antérieurement, à moins que le présent acte uniforme n'en dispose autrement* .

Ce texte étend aux mesures d'exécution, l'un des principes fondamentaux de procédure, à savoir celui de la contradiction qui commande que toute pièce détenue par une partie soit communiquée à l'autre[151]. Toutefois, s'il s'agit d'un principe effectivement consacré, il faut tout de même garder à l'esprit que l'article 35 n'impose le commandement préalable qu'à la condition que l'Acte uniforme n'en ait pas disposé autrement. Les dispositions de l'article 152 et suivants n'en ayant pas

---

[148] Art. 92 de l'AUPSRVE.
[149] Art.157 al. 1er de l'AUPSRVE.
[150] Yaoundé, ord. de référé n° 71/C du 26 oct. 2000, *RCDA* n° 5, oct.-déc. 2000, cité par POUGOUÉ (P.-G.) et TEPPI KOLLOKO (F.), *La saisie attribution des créances OHADA*, *op.cit.*, p. 34.
[151] ASSI-ESSO (A.-M.), *OHADA : Traités et Actes Uniformes commentés et annotés*, 2e éd., Juriscope, Bruylant, Bruxelles, 2002. En droit comparé, lire VINCKEL (F.), « La communication des pièces en droit de l'exécution forcée », *Procédures* n° 5, mai 2009, étude 4.

fait état, rien ne justifie l'exigence du commandement préalable en matière de saisie-attribution[152]. Une intervention par avis de la CCJA reste toutefois nécessaire pour fixer la position du droit OHADA en la matière.

78. Cette controverse mise à part, la procédure de saisie-attribution se déroule principalement en trois phases. Elle commence par la signification de l'acte de saisie au tiers détenteur des sommes dues au débiteur[153]. Cet acte emporte des effets tant à l'égard du tiers saisi que de la créance saisie. Vis-à-vis du tiers, il emporte obligation de déclarer au créancier saisissant l'étendue de ses obligations à l'égard du débiteur saisi ainsi que les modalités qui pourraient les affecter et s'il y a lieu, les cessions de créances, délégations ou saisies antérieures[154] et le rend personnellement débiteur des causes de la saisie dans la limite de son obligation. Relativement à la créance, l'acte de saisie entraîne l'indisponibilité des sommes saisies à concurrence du montant pour lequel la saisie est pratiquée. Cette somme fait l'objet d'une attribution immédiate au profit du créancier saisissant. L'acte de saisie doit ensuite être dénoncé au débiteur afin de permettre à celui-ci d'apprécier l'opportunité et la régularité de la mesure d'exécution. Cette dénonciation doit se faire dans un délai de huit jours à compter de la signification de l'acte de saisie au tiers[155].

79. Des particularités existent cependant lorsque les sommes saisies se trouvent dans un ou plusieurs comptes bancaires[156]. Dans cette hypothèse, la déclaration du banquier tiers saisi sur la nature des comptes du débiteur et leurs

---

[152] POUGOUÉ (P.-G.) et TEPPI KOLLOKO (F.), *La saisie attribution des créances OHADA*, *op.cit.*, p. 36.
[153] Art.157 al. 1er de l'AUPSRVE.
[154] Art. 156 de l'AUPSRVE.
[155] Art. 160 al. 2 de l'AUPSRVE.
[156] ZOUATCHAM (H. P.), *La saisie des sommes d'argent entre les mains des banques*, mémoire DEA, Université de Yaoundé II- Soa, 2005.

valeurs, revêt préalablement un caractère provisoire et sera suivie d'une déclaration définitive selon le cas, dans un délai de 15 jours[157] ou d'un mois[158], après liquidation des opérations en cours. De même, l'acte de saisie emporte provisoirement l'indisponibilité totale des sommes saisies dont le cantonnement automatique et l'attribution au profit du créancier saisissant ne joueront qu'après la déclaration définitive.

80. Le législateur communautaire organise à côté de la saisie-attribution de droit commun, des saisies-attributions particulières.

2. Les saisies-attributions spéciales

81. Il est question ici des procédures qui sur le fond respectent le même principe que la saisie-attribution de droit commun[159], mais font l'objet d'un formalisme diffèrent en raison, soit de la nature des créances sur lesquelles elles portent, soit de celles qui en sont la cause.

82. Le premier cas fait référence à la procédure de saisie des rémunérations organisée par le législateur communautaire en vue de permettre à un créancier muni d'un titre exécutoire constatant une créance certaine, liquide et exigible, de saisir les sommes dues par un employeur à son débiteur[160]. La procédure accorde une protection particulière au salaire qui constitue parfois la seule base de crédit du salarié et le seul

---

[157] Il s'agit là du délai de droit commun en matière de saisie des comptes bancaire, cf. art. 161 al. 2 de l'AUPSRVE.

[158] Il s'agit ici d'un délai spécialement prévu pour la liquidation des effets de commerce remis à l'escompte et non payés à leur présentation ou à leur échéance, cf. art. 161 al. 3 de l'AUPSRVE.

[159] C'est-à-dire qu'elles visent comme la saisie-attribution de droit commun, le blocage et l'attribution au profit du créancier saisissant, des sommes dues au débiteur par un tiers.

[160] Art. 173 de l'AUPSRVE.

gage commun des créanciers[161]. Cette particularité du salaire en fait une question si délicate qu'un auteur est fondé à affirmer qu'*il n'est pas de question plus grave que celle se rapportant aux atteintes à la rémunération d'une personne*[162]. C'est fort de toutes ces considérations que le législateur OHADA réserve aux rémunérations, un traitement particulier. Cette particularité s'observe aussi bien du point de vue de l'assiette de la saisie que de celle de sa procédure.

83. Pour ce qui est de l'assiette de la saisie, l'article 177 de l'AUPSRVE dispose que les rémunérations ne peuvent être cédées ou saisies que dans les proportions déterminées par chaque État. La saisie ne porte donc en principe que sur les portions saisissables du salaire que le législateur laisse aux États le soin de déterminer. Il doit s'agir des salaires du débiteur encore détenus par l'employeur[163]. Ce qui suppose que lorsque la saisie porte sur un compte bancaire après virement des sommes dues au titre de rémunération à un salarié, la procédure applicable n'est plus celle de la saisie des rémunérations[164]. Les sommes n'étant plus détenues par l'employeur, seule la saisie-attribution peut les appréhender sous réserve toutefois du respect de la portion insaisissable de celles-ci[165].

---

[161] ; SOH (M.), « La situation des créanciers du salaire dans les procédures d'exécution de l'OHADA ou le difficile équilibre entre les intérêts en présence », ohada.com/ Ohadata D-08-22, p. 18 et s.

[162] KUATE TEMEGHE (S. S.), « saisie des rémunérations », *in* POUGOUÉ (P.-G.) (dir.), *Encyclopédie du droit OHADA, op.cit.*, p. 16.

[163] *Ibidem.*

[164] SOH (M.), « La situation des créanciers du salaire dans les procédures d'exécution de l'OHADA ou le difficile équilibre entre les intérêts en présence », préc., p. 3.

[165] Car d'après l'article 52 de l'AUPSRVE les créances insaisissables dont le montant est versé dans un compte demeurent insaisissables. Dès lors, la portion insaisissable du salaire le demeure, même transférée dans un compte bancaire.

En ce qui concerne la procédure, elle brille principalement par le préliminaire de conciliation qu'impose le législateur. En effet, la saisie en elle-même ne peut se faire qu'après une tentative de conciliation devant la juridiction compétente du domicile du débiteur[166]. Aussi, en cas d'échec de la conciliation, les opérations de saisie sont diligentées par le greffier de la juridiction compétente et non par l'huissier comme c'est le cas pour la saisie-attribution de droit commun.

84. En considération de la créance cause de saisie, le législateur OHADA a également institué une procédure spéciale pour le recouvrement des créances d'aliments. Ainsi, pour le dernier arrérage échu et les arrérages à échoir, les créanciers d'aliments peuvent pratiquer une saisie simplifiée sur les salaires, rémunérations, traitements et pensions payés au débiteur d'aliments, sur les fonds publics ou particuliers, leur créance étant préférée à toute autre quel que soit le privilège dont ces dernières peuvent être assorties[167]. Encore plus simplifiée que la saisie des rémunérations, la procédure de saisie pour le recouvrement des créances alimentaires ne nécessite pas de préalables de conciliation. La demande est simplement notifiée au tiers et celui-ci est tenu, contre quittance, de verser directement au créancier saisissant le montant de sa créance[168].

85. Les créances de sommes d'argent font l'objet d'une attention particulière du législateur OHADA en raison de l'importance que cette catégorie de biens peut avoir dans le patrimoine aujourd'hui. La remarque vaut également pour les droits d'associés et les valeurs mobilières qui bénéficient

---

[166] Art. 174 de l'AUPSRVE.

[167] Art. 213 de l'AUPSRVE.

[168] SOH (M.), « La situation des créanciers du salaire dans les procédures d'exécution de l'OHADA ou le difficile équilibre entre les intérêts en présence », préc., p. 10.

d'une procédure nouvelle et originale, spécialement organisée par le législateur.

B- L'unicité de la procédure d'exécution sur les droits d'associés et les valeurs mobilières

86. Les droits d'associés et les valeurs mobilières, contrairement aux créances, font l'objet pour leur saisie d'une procédure unique et tout à fait originale par rapport aux autres prévues par le législateur communautaire. La procédure se détache de la saisie-attribution par l'exigence explicite d'un commandement préalable (**1**) et s'illustre vis-à-vis des autres saisies organisées en OHADA par la singularité de sa procédure (**2**).

1. La nécessité d'un commandement préalable

87. Si le législateur est resté silencieux en ce qui concerne l'exigence d'un commandement préalable à la mise en œuvre des opérations de saisie-attribution des créances, permettant ainsi la naissance d'un long débat en la matière[169], il a par contre fait preuve de précision en ce qui concerne la saisie des droits d'associés et des valeurs mobilières. Il est dès lors exigé que le créancier procèdera à la saisie, huit jours après un commandement de payer demeuré infructueux[170]. Le commandement peut être défini comme l'exploit d'huissier par lequel le créancier notifie au débiteur le titre exécutoire dont il se prévaut et le met en demeure de payer[171]. Il s'agit d'un préalable obligatoire dès lors que le législateur l'a exigé. Il doit contenir la mention du titre exécutoire en vertu duquel les poursuites sont exercées avec le décompte distinct des sommes réclamées en principal, frais et intérêts échus, ainsi que l'indication du taux des intérêts. Il doit également contenir un commandement du débiteur d'avoir à payer la

---

[169] V. *supra*, n° 34.

[170] Art. 237 de l'AUPSRVE.

[171] TCHOU-BAYO (J. P.), « Saisie vente », préc., p. 1780.

dette dans un délai de huit jours, faute de quoi il pourrait y être contraint par la vente de ses biens meubles[172].

88. Ces mentions jouissent d'un caractère impératif très prononcé dans la mesure où l'acte doit les contenir intégralement et de façon aussi précise que prévue par le législateur. En conséquence, un commandement qui ne contient pas la mention de l'indication du taux des intérêts, ni celle des frais et intérêts échus, viole les dispositions de l'Acte uniforme et encourt nullité[173]. De même, encourt nullité, le commandement qui fait état de ce que le débiteur, faute de payement dans les délais, y sera contraint par *tous les voies et moyens de droit*, dans la mesure où une telle expression revêt un caractère vague et ne renvoie pas à l'esprit du législateur qui évoque la vente forcée des biens meubles[174].

89. L'intérêt du commandement préalable peut s'apprécier par référence à ses effets. Ainsi, l'acte vaut mis en demeure de payer, interrompt la prescription, rend la saisie possible et fait courir les intérêts moratoires et le délai de huitaine prévu pour exercer la saisie proprement dite.

L'on peut penser que l'absence d'exigence expresse d'une telle formalité dans le cadre de la saisie des créances est liée à la nature de ces dernières qui se caractérisent par une consomptibilité prononcée, de façon à ce que le préavis contenu dans le commandement de payer pourrait conduire le débiteur à les dissiper. Cette crainte s'avère moins évidente en ce qui concerne les droits d'associés et les valeurs

---

[172] Art. 92 de l'AUPSRVE.

[173] TPI-Nkongsamba, ord. de référé n° 16/RF du 25 avril 2001, Société des Établissements Nyamedio c/ Ngoumela Martin, ohada.com/ Ohadata J-04-440.

[174] TPI-Douala-Ndokoti, ord. n° 63/05-06 du 09 fév. 2006, Tchoumbov Jean c/ Mme Tchoumbov née Nitcheu Berthé, ohada.com/ohadata J-07-80, obs. Gatsi (J.).

mobilières, eu égard à leur consomptibilité relative découlant du fait que leur circulation n'est possible que dans un espace encadré et contrôlé[175].

90. L'exigence du commandement préalable permet de réaliser le premier niveau de distinction de la saisie des créances avec celle des droits d'associés et des valeurs mobilières. Cette dernière se particularise encore plus, aussi bien vis-à-vis de la première que des autres saisies organisées par le législateur, du point de vue de sa mise en œuvre proprement dite.

2. La singularité des opérations de saisie

91. Par rapport à la saisie-attribution et à la saisie-vente qui sont nées de la reformation des procédures préexistantes[176], la saisie des droits d'associés et des valeurs mobilières constitue une innovation à part entière. Elle s'affirme comme l'une des procédures les plus originales de l'AUPSRVE, en ce sens qu'elle fait l'objet d'une réglementation hybride qui emprunte aisément aux règles des saisies mobilières et celles de la saisie immobilière, marquant ainsi la spécificité des droits d'associés et des valeurs mobilières.

En réalité, le législateur n'a légiféré en ce qui concerne la saisie des droits d'associés et des valeurs mobilières que sur les particularités de celles-ci[177]. La remarque s'induit de la

---

[175] DJOGBENOU (J.), « Saisie des droits d'associés et des valeurs mobilières », *in* POUGOUÉ (P.-G.) (dir.), *Encyclopédie du droit OHADA*, *op.cit.*, p. 1607.

[176] On peut constater à cet effet que la saisie-attribution découle de la reformation de l'ancienne saisie-arrêt, tandis que la saisie-vente remplace quant à elle l'ancienne saisie-exécution ; voir dans ce sens NDZUENKEU (A.), « L'OHADA et la réforme des procédures civiles d'exécution en droit Africain : l'exemple du Cameroun », préc., p.118-119.

[177] DJOGBENOU (J.), « Saisie des droits d'associés et des valeurs mobilières », préc., p. 1607.

lecture du titre III de l'AUPSRVE qui s'intitule : *dispositions particulières à la saisie des droits d'associés et des valeurs mobilières.* Vis-à-vis de la saisie des créances, elle partage notamment la dénonciation impérative de l'acte de saisie au débiteur saisie et s'en éloigne du point de vue du commandement préalable qui y est expressément exigé, des effets de l'acte de saisie qui rend indisponible l'intégralité des droits pécuniaires attachés aux titres sans possibilité de cantonnement, et de la réalisation de la saisie qui passe par la vente des biens saisies.

Ces deux derniers éléments figurent parmi les principaux points de rapprochements avec la procédure de saisie-vente des biens meubles corporels. Elle emprunte en outre à celle-ci la possibilité pour le débiteur de procéder lui-même à la vente amiable des biens saisis et à défaut de vente amiable, d'ouvrir la voie à la vente forcée par adjudication[178].

92. Si le rapprochement est plus intense avec la saisie-vente, il n'est cependant pas absolu dans la mesure où la procédure emprunte également au régime de la saisie immobilière. Cette dernière remarque trouve son fondement dans l'institution d'un cahier des charges à la phase préparatoire à la vente[179]. Le cahier des charges s'analyse comme un document rédigé et signé par l'avocat du créancier poursuivant, qui précise les conditions et modalités de la vente du bien saisi et qui en principe est exigé dans le cadre de la procédure de vente immobilière[180]. L'exigence d'un tel document dans le cadre d'une saisie mobilière telle que celle des droits d'associés et des valeurs mobilières, permet de soupçonner que le législateur communautaire prendrait en compte cette évolution des temps modernes qui neutralise

[178] Art. 240 de l'AUPSRVE.
[179] Art. 241 de l'AUPSRVE.
[180] Art. 266 de l'AUPSRVE.

progressivement la distinction entre biens meubles et immeubles[181].

93. On ne peut tout de même s'empêcher de remarquer que contrairement au cas de la saisie des biens corporels pour lequel le législateur institue expressément la garde des biens saisis[182], celui-ci n'y fait référence en ce qui concerne la saisie des biens incorporels que pour ce qui est des créances de sommes d'argent[183]. Le silence qui règne en matière de saisie des droits d'associés et des valeurs mobilières contraste avec l'effectivité du besoin d'une telle institution en la matière[184]. L'institution d'un tiers séquestre chargé de la conservation des titres saisis serait à notre sens la bienvenue en la matière. Un tel organe pourrait être nommé chaque fois que le créancier saisissant en fait la demande[185].

---

[181] DJOGBENOU (J.), « Saisie des droits d'associés et des valeurs mobilières », préc., p. 1606.

[182] En effet, l'article 36 de l'AUPSRVE dispose que lorsque la saisie porte sur un bien corporel, le débiteur saisi ou le tiers détenteur entre les mains de qui la saisie a été effectuée est réputé gardien des biens saisis sous les sanctions prévues par les dispositions pénales.

[183] L'art. 78 al. 1er de l'AUPSRVE dispose à cet effet qu'à défaut d'accord amiable, tout intéressé peut demander par requête que les sommes saisies soient consignées entre les mains d'un séquestre désigné par la juridiction du domicile ou du lieu où demeure le débiteur.

[184] En effet, dans l'hypothèse où les droits d'associés seraient cotés en bourse, ils pourraient en raison des circonstances particulières et à titre prévisionnel, voire s'accroitre le risque de diminution de leur valeur. La solution la plus adéquate dans ce cas serait alors de procéder urgemment à leur cession en vue de la conservation des fonds issus de la vente. Une telle action ne serait nullement possible en l'absence d'un gardien chargé de la conservation de la valeur des titres saisis.

[185] Il ne nous semble pas que la personne morale émettrice ou celle chargée de gérer ceux-ci soit à même de jouer un tel rôle. Bien qu'elles soient les véritables détentrices de la valeur desdits titres, la nature collective des décisions de celles-ci ne s'accommode pas à la célérité que requièrent les actions du gardien en la matière, notamment lorsque le risque de détérioration de la valeur des titres est lié aux aléas du marché

*   *
*

94. Au total, l'organisation expresse des procédures de saisie spécifiques aux biens immatériels dénote clairement de la volonté législative de prendre en compte l'évolution contemporaine, marquée par les profondes mutations subies par la notion de bien. Si l'organisation des procédures de saisie sur les biens immatériels est effective, leur efficacité par contre s'avère relative.

---

boursier. Il serait donc préférable à notre sens que la fonction de gardien soit réservée en la matière exclusivement aux personnes physiques.

CHAPITRE II

L'EFFICACITÉ VARIABLE DES PROCÉDURES DE SAISIE SUR LES BIENS IMMATÉRIELS EN DROIT OHADA

95. La question de l'efficacité des procédures de saisie sur les biens immatériels pose le problème de la certitude du recouvrement de la créance par leur usage et de la célérité qui marque le déroulement des opérations. L'analyse des procédures organisées par le législateur OHADA en vue de la saisie des biens incorporels laisse ressortir une appréciation à double sens. D'une part, le principe de la célérité s'affirme incontestablement par le caractère simplifié des procédures (**section I**), mais d'autre part, l'on note un amenuisement des chances de recouvrement lié à un défaut manifeste de concordance législative entre les textes du système juridique de l'OHADA (**section II**).

Section I : La facilitation du recouvrement par le caractère simplifié des procédures

96. La simplification de la procédure répond à un besoin de célérité. Il s'agit pour le législateur de réduire autant que faire se peut les formalités à accomplir pour la réalisation d'une mesure conservatoire ou d'exécution forcée sur les biens du débiteur. La reforme OHADA n'a pas négligé cet aspect du droit des voies d'exécution et a dès lors donné naissance de manière générale à un régime des saisies limitatif du recours au juge (**paragraphe I**) et marqué par la rationalisation des incidents de procédure (**paragraphe II**).

Paragraphe I : La limitation du recours au juge

97. Autrefois considéré comme la pierre angulaire des voies exécution en ce sens qu'il intervenait à tous les stades de la procédure tant pour l'autorisation ou la validation des actes, que pour le règlement des incidents, le juge a depuis la réforme, vu ses prérogatives considérablement cantonnées[186]. À cet effet, son rôle a été plus ou moins réduit selon que le créancier se prévaut d'un titre exécutoire ou pas. Dans le premier cas, la procédure s'avère extrajudiciaire dans son intégralité (**A**), tandis que dans le second, son office est admis dans la procédure mais revêt un caractère restrictif (**B**).

A- L'exclusion totale du juge en présence d'un titre exécutoire

98. Lorsque le créancier se prévaut d'un titre exécutoire, l'office du juge est en principe écarté de la procédure. D'une part, comme dans le droit antérieur, l'existence du titre exécutoire dispense le créancier de l'autorisation judiciaire pour la pratique d'une mesure conservatoire (**1**) et contrairement au régime en vigueur avant la réforme, la valorisation du titre exécutoire a conduit à la suppression de l'instance en validité de saisie (**2**).

1. Le déclenchement extrajudiciaire de la procédure

99. Le législateur OHADA dispose à l'article 55 de l'AUPSRVE qu'*une autorisation de la juridiction compétente n'est pas nécessaire lorsque le créancier se prévaut d'un titre exécutoire*. Entendu comme un acte ou un jugement constatant la créance et revêtu de la formule exécutoire[187], il confère au créancier le droit d'engager les

---

[186] Pour l'ensemble de son rôle, lire ASSONTSA (R.), *Le juge et les voies d'exécution depuis la réforme de l'OHADA*, thèse de doctorat, Université de Strasbourg-Université de Dschang, 2009.

[187] KERE KERE (G.), « Le droit commun de l'exécution forcée dans l'espace OHADA », préc., p. 78.

voies d'exécution contre le débiteur par un simple acte de saisie signifié au tiers et sans avoir à obtenir une quelconque autorisation du juge. En effet, l'existence d'un tel document permet au créancier de diligenter directement une mesure d'exécution forcée, surtout dans un domaine où la mise en œuvre ne nécessite pas l'intervention du juge[188].

La règle vaut aussi bien pour le déclenchement des opérations de saisie conservatoire que pour celles de saisie exécutoire sur les biens du débiteur. Dans ce dernier cas, et en ce qui concerne les mesures d'exécution sur les biens immatériels, le législateur précise simplement que dans le cadre de la saisie-attribution, tout créancier muni d'un titre exécutoire constatant une créance certaine, liquide et exigible peut pour en obtenir le payement, saisir entre les mains d'un tiers les créances de son débiteur portant sur les sommes d'argent[189].

100. En ce qui concerne la saisie des droits d'associés et des valeurs mobilières, il est simplement exigé la signification préalable d'un commandement de payer huit jours avant la saisie, après quoi il pourra être procédé à la saisie par la signification au tiers de l'acte de saisie. Celui-ci contiendra impérativement entre autres, la mention du titre exécutoire en vertu duquel la saisie est pratiquée[190]. Cette éviction du juge dont l'autorisation n'est plus nécessaire pour la mise en œuvre des opérations de saisie, dès lors que le créancier se prévaut d'un titre exécutoire, participe de l'objectif de simplification des procédures de saisies[191]. Le

---

[188] POUGOUÉ (P.-G.) et NJEUFACK TEMGWA (R.), *Saisies et mesures conservatoires de droit OHADA*, *op.cit.*, p. 38.

[189] Art.153 de l'AUPSRVE.

[190] Art. 237 de l'AUPSRVE.

[191] KERE KERE (G.), « Essai d'une présentation synthétique des mesures conservatoires d'après la nouveau droit des affaires OHADA », préc., p. 36.

législateur OHADA a voulu que le juge n'intervienne qu'à dose homéopathique chaque fois que l'on a besoin de lui.

L'office du juge se trouve donc écarté toutes les fois que le créancier se prévaut d'un titre exécutoire au moment du déclenchement des procédures de saisie. Cette éviction se poursuit tout au long de la procédure et se manifeste par la suppression de l'instance en validité de saisie.

2. La suppression de l'instance en validité de saisie

101. Avant la réforme de l'OHADA, le droit commun des voies d'exécution était dominé par deux principales procédures d'exécution[192] et une saisie conservatoire limitée à la matière commerciale[193]. Si la saisie-exécution pouvait se faire sans intervention du juge dès lors que le créancier justifiait d'un titre exécutoire, la saisie-arrêt et la saisie conservatoire dite de droit commun restaient embrigadées dans des procédures qui s'alourdissaient du fait de l'importance de la participation du juge à travers l'instance en validité de saisie[194].

En effet, dans le cadre de la saisie-arrêt, le créancier, après avoir signifié l'acte de saisie, devait dans un délai de 15 jours assigner le débiteur en validité de la saisie[195]. L'indisponibilité des biens saisis et l'obligation d'information à la charge du tiers saisi découlaient dès lors de la dénonciation de l'acte d'assignation à celui-ci et non de la signification de l'acte de saisie comme c'est le cas aujourd'hui. Ainsi, la saisie-arrêt dont la première phase était conservatoire, n'entamait sa phase exécutoire qu'après

---

[192] La référence est faite ici à la saisie-arrêt et la saisie-exécution.

[193] MOUAFO (H.), *L'évolution de la saisie-conservatoire de droit commun en droit positif camerounais, op.cit.*, p. 7.

[194] KENGNI (J. M.), *L'évolution des procédures civiles d'exécution en droit positif camerounais : De la saisie-arrêt à la saisie-attribution*, mémoire de Maitrise, Université de Dschang, 1998, p. 37.

[195] Art. 109 du CPCC.

validation de la saisie par le juge. Il en était de même pour la saisie conservatoire qui devait être impérativement suivie par une assignation du débiteur en validité dans un délai fixé par l'ordonnance ayant accordé l'autorisation de saisir[196]. Cette formalité posait le problème de son utilité[197]. En effet, il semblait difficile de concevoir la nécessité d'un second procès pour recouvrer une créance pour laquelle le créancier avait déjà obtenu un titre exécutoire à l'issue d'un premier procès[198].

De plus, les créanciers ayant fait opposition avant le jugement de validité participaient à la répartition des sommes saisies lorsque la procédure portait sur des créances de somme d'argent. Le créancier saisissant avait donc intérêt à ce que ce jugement intervienne dans les plus brefs délais. Seulement, dans la pratique, ce moment était retardé le plus possible[199].

102. L'instance en validité de la saisie conservatoire est aujourd'hui supprimée. Le passage de la saisie conservatoire à celle d'exécution a désormais un caractère extrajudiciaire et se fait au moyen d'un simple acte de conversion qui doit être signifié au débiteur ou au tiers saisi selon le cas[200]. Il suffit simplement que les conditions de l'exécution sont réunies, c'est-à-dire que le créancier soit titulaire d'un titre exécutoire constatant une créance certaine, liquide et exigible. Le bénéfice du titre exécutoire exclut en principe toute

---

[196] Art. 137-139 du CPCC.

[197] PERROT (R.) et THÉRY (Ph.), *Procédures civiles d'exécution*, 2e éd., Dalloz, Paris, 2005, p. 363.

[198] KAHIL (O.), *L'égalité entre les créanciers dans le cadre de la saisie-attribution*, thèse de doctorat, Université du Droit et de la Santé - Lille II, 2011, p. 11.

[199] Cass. Civ., 27 nov. 1884, S. 1896. 1. 489 ; voir aussi Cass. Civ. 22 mai 1962, *Bull. Civ.* IV, n° 271.

[200] C'est-à-dire selon que la saisie est faite entre les mains du débiteur ou de ceux du tiers.

participation du juge à la procédure de saisie. Cette déjudiciarisation traduit la volonté manifeste du législateur communautaire de procéder à la revalorisation du titre exécutoire[201] et par voie de conséquence à la simplification opportune des procédures.

103. Le titre exécutoire a ainsi acquis une valeur considérable avec la réforme de l'OHADA en ce sens qu'il permet aujourd'hui de substituer des actes extrajudiciaires aux décisions juridictionnelles qui autrefois jonchaient la procédure. Le législateur a cependant reconnu des prérogatives au juge dans les procédures engagées par le créancier en l'absence du titre exécutoire. Ces prérogatives restent toutefois limitées.

B- La restriction de l'intervention du juge en l'absence du titre exécutoire

104. Le défaut du titre exécutoire suppose que la créance n'est pas certaine et il serait imprudent de laisser la procédure à la diligence exclusive d'un créancier incertain. Le législateur OHADA en a pleinement eu conscience et prescrit à cet effet l'autorisation préalable du juge et l'impérativité de l'instance au fond en vue de l'obtention du titre exécutoire. Si cette dernière formalité consacre dans sa plénitude la persistance du rôle judiciaire dans la procédure (**2**), la première manifeste quant à elle une certaine limitation de ce rôle en raison de son caractère relatif (**1**).

1. La relativité de l'autorisation judiciaire préalable au déclenchement de la procédure de saisie

105. Le législateur a certes posé le principe de l'autorisation judiciaire préalable à la saisie conservatoire en

---

[201] KERE KERE (G.), « Essai d'une présentation synthétique des mesures conservatoires d'après la nouveau droit des affaires OHADA », préc., p. 36.

droit OHADA[202], mais comme précédemment évoqué, l'autorisation judiciaire n'est plus nécessaire lorsque le créancier se prévaut d'un titre exécutoire[203]. Cette première exception suffit pour affirmer la relativité du principe de l'autorisation judiciaire posée par le législateur. Pourtant, son effet quant à la relativisation de ce principe s'avère moins impressionnant que celui des suivantes. En effet, le législateur communautaire a posé d'autres hypothèses de contournement de l'autorisation judiciaire préalable à la saisie conservatoire même en l'absence de titre exécutoire. On en distingue deux à cet effet. Il s'agit d'une part du défaut de payement des titres cambiaires et assimilés et d'autre part du cas de loyers impayés[204].

106. Pour le premier cas, il est fait référence à une lettre de change acceptée, un billet à ordre ou un chèque[205]. Ce dernier est un titre par lequel une personne appelée tireur et disposant des fonds, donne un mandat pur et simple à une banque appelée tiré, de payer à vue une somme déterminée à une tierce personne appelée bénéficiaire ou au tireur lui-même[206]. Quant aux deux premiers, ils sont qualifiés sous le vocable d'instruments de crédit et constituent des titres négociables constatant des créances au profit des porteurs et servant à leurs recouvrements[207]. Il convient de préciser que le défaut de paiement de ces titres donne lieu à l'établissement d'un acte authentique appelé *protêt défaut de payement*[208]. Celui-ci constate le défaut de paiement du titre

---

[202] Art. 54 de l'AUPSRVE.
[203] Art. 55 al. 1er de l'AUPSRVE.
[204] Art. 55 al. 2 de l'AUPSRVE.
[205] NJEUFACK TEMGWA (R.), « Saisies conservatoires », préc., p. 1753.
[206] NAMMOUR (F.), *Instruments de paiement et de crédit*, 1ère éd., Bruylant, Bruxelles, 2008, p. 5.
[207] *Ibidem.*
[208] Règlement n° 02/03/CEMAC/UMAC/CM relatif aux systèmes, moyens et incidents de payement du 04 avril 2003.

et les circonstances qui l'entourent. Le protêt une fois établi, permet ainsi au porteur du chèque de saisir à titre conservatoire, les effets mobiliers des endosseurs sans autorisation judiciaire préalable[209]. Il en va de même pour le bénéficiaire d'une lettre de change[210] ou d'un billet à ordre[211] revenu impayé qui dispose du droit de procéder à une saisie conservatoire sur les biens du tireur ou des éventuels endosseurs sur le seul fondement du protêt établi à cet effet.

107. En ce qui concerne l'hypothèse des loyers impayés, le législateur communautaire vise ceux qui sont dus en vertu d'un contrat de bail d'immeuble écrit et dont le paiement n'est pas intervenu après un commandement de payer dûment servi au débiteur[212]. Il convient de rappeler ici que le contrat de bail ne servira d'alternative à l'autorisation judiciaire que s'il est écrit tel que l'exige le législateur. On comprend dès lors qu'une saisie conservatoire pratiquée sur le fondement d'un contrat de bail verbal et sans autorisation judiciaire préalable encourt nullité et par voie de conséquence mainlevée immédiate[213]. Une pareille solution révèle un paradoxe regrettable découlant du fait pour le législateur d'avoir admis dans l'AUDCG la validité du contrat de bail verbal[214] et interdit dans l'AUPSRVE qu'il serve de base légale à la saisie conservatoire[215].

---

[209] Art. 77 du règlement CEMAC relatif aux incidents de payement préc.

[210] CA-Abidjan, arrêt civil contradictoire n° 1116 du 12 déc. 2000, aff. STE CORECA-CI c/ FIDES-CI USICAF, ohada.com/ohadata J-06-124.

[211] TGI-Ouagadougou-Burkina Faso, Jugement n° 348 du 28 mars 2001, Bank of Africa c/ Babouram Amedée Gérard, ohada.com/ohadata J-04-06.

[212] Art. 55 alinéa 2 de l'AUPSRVE.

[213] Arrêt n° 033/REF du 15 fév. 2010, aff. L'Hôtel Akwa Palace c/ Sté de Fournitures Industrielles du Cameroun (S.F.I.C), *RDAO* n° 1, 1er semestre 2012, p. 74, obs. ASSONTSA (R.).

[214] Art. 103 de l'AUDCG.

[215] Arrêt n° 033/REF du 15 fév. 2010, aff. l'Hôtel Akwa Palace c/ Sté de Fournitures Industrielles du Cameroun (S.F.I.C), préc., p. 74.

108. La relativité de l'autorisation judiciaire préalable à la saisie conservatoire est sérieusement affirmée en droit OHADA des saisies. Le recul de l'office du juge qu'elle consacre à l'occasion du déclenchement de la procédure de saisie conservatoire ne doit pas occulter l'effectivité de sa participation lors de son déroulement à travers l'instance au fond qui doit être engagée par le créancier saisissant en vue de l'obtention du titre exécutoire.

2. Le maintien de l'instance au fond en vue de l'obtention du titre exécutoire

109. Si ce n'est dans le cas où la saisie a été pratiquée en vertu d'un titre exécutoire, le créancier doit dans le mois qui suit celle-ci, à peine de caducité, introduire une procédure ou accomplir les formalités nécessaires à l'obtention dudit titre[216]. Cette exigence s'explique par le fait que la saisie conservatoire est nécessairement une mesure provisoire et le créancier doit faire preuve de diligence pour éviter que le patrimoine du débiteur ne soit indéfiniment perturbé pour une créance dont il pourra même éventuellement n'être pas redevable. Il n'est donc pas question que la mesure conservatoire s'éternise[217].

110. Le créancier dispose dès lors du délai d'un mois à compter de la mesure d'exécution pour saisir le juge afin que celui-ci établisse la réalité des droits dont il se prévaut contre le débiteur. En pratique, l'interprétation de cette exigence se fait de manière assez rigoureuse, précisément en ce qui concerne la procédure engagée à cet effet. Cette dernière doit être effectivement motivée par la recherche d'un titre exécutoire[218] et être également recevable[219]. Il s'agit ici d'un

---

[216] Art. 61 de l'AUPSRVE.

[217] POUGOUÉ (P.-G.) et NJEUFACK TEMGWA (R.), *Saisies et mesures conservatoires de droit OHADA*, *op.cit.*, p. 33.

[218] Ainsi, il a été considéré qu'une citation en conciliation engagée dans le mois de la saisie et s'étant soldé des mois plus tard par un procès-verbal

contentieux au fond situé en amont du titre exécutoire. À cet effet et conscient de la célérité que requiert la matière du recouvrement des créances, le législateur communautaire a mis à la disposition du créancier, des procédures spéciales de recouvrement dites simplifiées[220]. Il pourra dès lors avoir recours à la procédure d'injonction de payer à celle de droit commun selon que sa créance trouve sa cause dans un contrat, un effet de commerce ou non.

111. Dans le premier cas, le juge sera saisi par une requête contenant les mentions exigées par le législateur[221]. La question qui se pose dès lors est celle de la détermination du juge compétent. Si la compétence territoriale a été clarifiée par le législateur[222], celle d'attribution n'a pas été envisagée, l'Acte uniforme parlant simplement de la juridiction compétente. On en déduit que celle-ci est déterminée par référence aux dispositions de la loi nationale de chaque État partie[223]. Cette compétence est partagée au

---

de non conciliation, ne constituait pas une procédure engagée en vue de l'obtention du titre exécutoire ; voir CA-Littoral, arrêt n° 112/REF du 13 mai 2009, aff. La Société Comptoir d'Approvisionnement et de Traitement Chimique (CETRAC) Sarl, c/ Sieur SIGHAMNWE Joseph, *Juridis Périodique* n° 84, oct.-déc. 2010, p. 107 et s, obs. ASSONTSA (R.).

[219] À cet effet, il a été jugé qu'une requête aux fins d'injonction de payer introduite dans le mois de la saisie, mais jugée irrecevable par le juge, s'assimile au défaut d'introduction de la procédure en vue de l'obtention du titre exécutoire ; voir CA-Littoral, arrêt n° 069/CE du 17 sept. 2012, aff. La Société Extra Khalifa Sarl c/ La Société SOCOMAR SA, *RDAO* n° 04, juil.-déc. 2013, p. 91 et s, obs. ASSONTSA (R.).

[220] Ceci ressort du titre premier de l'AUPSRVE qui s'intitule « Procédures simplifiées de recouvrement » sous lequel est consacrée la procédure d'injonction de payer et celle de délivrer ou de restituer.

[221] Voir l'art. 4 al. 1er de l'AUPSRVE pour le contenu de la requête.

[222] À cet effet, l'art. 3 de l'AUPSRVE dispose que la requête sera faite auprès de la juridiction du domicile du débiteur ou du lieu où celui-ci demeure ou l'un d'entre eux en cas de pluralité de débiteurs.

[223] NDIAW (D.), « Recouvrement des créances et voies d'exécutions », ohada.com.

Cameroun en entre le TGI et le TPI selon que le montant de la demande est supérieure ou inférieure à dix millions de francs[224]. Il convient toutefois de préciser que, bien que le législateur parle de la juridiction compétente, la requête est en réalité adressée à son président dans la mesure où l'article 5 alinéa 1er de l'AUPSRVE le laisse penser[225]. Au-delà, la requête est le mode normal de saisine du président[226]. La juridiction entière n'est appelée à statuer qu'en cas d'opposition[227]. La nuance demeure cependant quant à la véritable force des ordonnances ainsi rendues. Elles seraient préalablement de simples autorisations de saisie conservatoire[228] et ne deviendraient des décisions définitives et donc de véritables titres exécutoires qu'avec l'apposition de la formule exécutoire[229].

Il en sera autrement si la créance n'est pas d'origine contractuelle et ne trouve pas non plus son fondement dans un effet de commerce. On fait référence ici aux créances d'origine délictuelles ou quasi délictuelles qui ne pourront faire l'objet de recouvrement que par la voie de droit commun. Cette précision emporte deux différences

---

[224]Art. 15 de la loi n° 2011/027 du 14 décembre 2011, modifiant et complétant les dispositions de la loi n° 2006/015 du 29 décembre 2006 portant organisation judiciaire.

[225] Cet article dispose qu'au vue des documents produits, si la demande lui parait fondée en tout ou partie, le président de la juridiction compétente rend une décision portant injonction de payer pour la somme qu'il fixe.

[226] NDIAW (D.), « Recouvrement des créances et voies d'exécutions », préc., p. 5.

[227] ASSONTSA (R.), *Le juge et les voies d'exécution depuis la réforme de l'OHADA*, thèse préc., p. 51.

[228] EID (G.), « Mesures conservatoires sur les véhicules terrestres à moteur : moyen de protection du créancier », *Les Petites Affiches* n° 100, août 1997, p. 12.

[229] Art. 17 de l'AUPSRVE ; voir aussi TRHC-Dakar, jug. n° 139 du 27 jan. 2003, aff. Société Sénégal Construction International c/ Maguette WADE, ohada.com/ohadata J-05-85, obs. ISSA-SAYEGH (J.).

essentielles avec les procédures simplifiées. D'abord, la saisine du juge se fera non par la voie d'une requête, mais par celle de l'assignation[230]. Enfin, si la compétence territoriale reste la même, celle d'attribution dans ce cas appartient effectivement à la juridiction au sens propre et non au président de celle-ci.

112. L'intérêt de la procédure au fond réside dans le fait qu'elle aboutira éventuellement à l'obtention du titre exécutoire qui fait défaut au créancier pour la pratique d'une mesure d'exécution sur les biens du débiteur. Une fois celui-ci obtenu, les prérogatives du juge sont désormais cantonnées au contrôle de la procédure de saisie à travers le mécanisme des incidents, et là encore, le législateur a fait preuve de rationalité en vue de faciliter le recouvrement des créances.

Paragraphe II : La rationalisation des incidents de procédure

113. Afin de permettre au créancier de recouvrer sa créance au plus vite, le législateur communautaire a pris des dispositions pour que les éventuelles réclamations et contestations des parties ne constituent pas un goulot d'étranglement qui ferait perdre à la mesure toute efficacité. À cet effet, l'attention peut être particulièrement portée sur limitation des incidents de procédures d'une part (**A**) et d'autre part sur l'allègement des procédures de règlement de ceux-ci (**B**).

A- La limitation des incidents de procédure

114. Au sens strict, cette limitation ne concerne en réalité que les saisies portant sur les créances de sommes d'argent qui s'illustrent par leur faculté à opérer un cantonnement automatique des sommes saisies rendant dès lors inutile l'action judiciaire de cantonnement en vigueur à l'époque de

---

[230] Art. 5 du CPCC camerounais du 16 décembre 1954.

la saisie-arrêt (**1**), les autres incidents ayant été maintenus, car nécessaires à la moralisation des procédures (**2**).

1. Le cantonnement automatique des saisies de créances monétaires

115. L'indisponibilité de la créance constitue le premier effet de la mise sous-main de justice de la créance. La question la plus intéressante à ce sujet concerne l'étendue de cette indisponibilité. Avant la réforme, la jurisprudence[231] penchait pour une indisponibilité totale des sommes saisies, au motif que les articles 1242 et 1298 du Code civil interdisaient tout paiement après saisie, de sorte que son cantonnement ne pouvait provenir que d'une décision de justice[232]. Par ailleurs, l'ancienne saisie-arrêt qui portait sur les meubles aussi bien corporels qu'incorporels, rendait absurde l'idée d'une indisponibilité partielle lorsque la saisie portait sur un meuble corporel.

Aujourd'hui, avec l'AUPSRVE, la solution est différente dans la mesure où le législateur prévoit expressément le caractère partiel de l'indisponibilité lorsque la saisie porte sur une créance de somme d'argent[233]. Cet effet manifeste dès lors l'intérêt de l'obligation qui est faite au créancier de mentionner dans l'acte de saisie, le décompte des sommes pour lesquelles la saisie est pratiquée, l'indisponibilité devant au final être cantonnée à cette somme[234]. Le créancier est donc libéré de la nécessité qui s'imposait à lui à l'époque de la saisie-arrêt, de saisir le juge afin d'obtenir un cantonnement de la mesure lorsque celle-ci porte sur des

---

[231] Civ. 2e, 24 janvier 1973, *RTDciv*, 1973, 471, note PREVAULT (J.).
[232] POUGOUÉ (P.-G.) et TEPPI KOLLOKO (F.), *La saisie attribution des créances OHADA*, *op.cit.*, p. 42.
[233] Art. 154 de l'AUPSRVE.
[234] POUGOUÉ (P.-G.) et NJEUFACK TEMGWA (R.), *Saisies et mesures conservatoires de droit OHADA*, *op.cit.*, p. 79.

sommes dont le montant est supérieur à celui des causes de la saisie[235].

116. Il convient tout de même de préciser que l'étendue de cette indisponibilité revêt un caractère assez particulier lorsque la saisie porte sur des sommes conservées dans un compte bancaire. En effet, les articles 161 alinéa 2 et 3 de l'AUPSRVE prescrivent une indisponibilité à double vitesse. D'abord totale pour une première période de 15 jours[236], elle peut se poursuivre sur un mois[237] s'il y a un risque de contrepassation d'effets de commerce. Ce délai est accordé au banquier pour faire sa déclaration définitive sur le solde exact de tous les comptes du débiteur saisi après liquidation des opérations en cours. Ladite déclaration emportera alors cantonnement automatique des sommes objets de la saisie, dans la limite des sommes disponibles entre les mains du tiers.

117. Hormis la disparition de l'action judiciaire en vue du cantonnement des sommes saisies, il est apparu nécessaire au législateur de permettre au débiteur de se défendre contre les probables abus des créanciers. Les incidents pouvant éventuellement être soulevés par le débiteur ont donc été maintenus.

2. Le maintien des incidents nécessaires à la moralisation de la procédure

118. Il aurait été véritablement regrettable de privilégier l'intérêt des créanciers en mettant l'accent exclusivement sur

---

[235] KENGNI (J. M.), L'évolution des procédures civiles d'exécution en droit positif camerounais : de la saisie-arrêt à la saisie-attribution, préc., p. 44.

[236] Ce délai est prévu pour les opérations effectuées antérieurement à la saisie mais non encore comptabilisés.

[237] Il s'agit là d'un délai spécial prévu pour la comptabilisation des effets de commerce remis à l'escompte et non payés à leur présentation ou à leur échéance, lorsqu'elle est postérieure à la saisie.

la célérité des procédures, au point d'oublier que cette célérité doit être justifiée par la réalité incontestable de ses droits vis-à-vis du débiteur et que la mise en œuvre de la procédure doit respecter un formalisme minimum permettant de préserver l'égalité entre les créanciers et d'assurer aux débiteurs la possibilité de faire valoir ses moyens de défense.

Le législateur OHADA n'a pas ignoré cette réalité. Il est dès lors admis la possibilité pour les autres créanciers de se joindre à la mesure initiée par le biais d'une intervention que le législateur qualifie d'opposition, même si sa portée s'avère véritablement limitée dans le cadre de la saisie-attribution[238]. Elle permet outre la participation du créancier opposant à la distribution du prix ou des sommes saisies, l'extension de l'assiette de la saisie et la substitution du créancier opposant au créancier premier saisissant en cas de négligence de celui-ci dans la conduite de la procédure. Le tiers peut également intervenir à la procédure lorsqu'il estime avoir des droits sur les sommes ou les titres saisis, selon qu'il s'agit d'une saisie-attribution ou d'une saisie des droits d'associés et des valeurs mobilières.

119. Le débiteur est également admis à contester la mesure engagée contre lui. L'Acte uniforme vise pour ce faire deux types de contestations lorsque la mesure est conservatoire. D'abord, celles qui se présentent sous forme d'une demande de mainlevée de la mesure conservatoire et qui se justifient dès lors que le créancier n'apporte pas la preuve que les conditions de mise en œuvre de la mesure sont réunies[239]. Ces contestations sont de la compétence de la juridiction ayant autorisé la mesure ou de celle du domicile ou du lieu de résidence du débiteur, dans les cas où elle est

---

[238] En effet, l'article 155 de l'AUPSRVE n'envisage cette opposition dans le cadre de la saisie-attribution que dans la mesure où elle est faite dans la même journée que celle-ci.
[239] Art.62 de l'AUPSRVE.

pratiquée sans autorisation. À côté, le législateur distingue également *les autres contestations* en relevant notamment celles relatives à l'exécution de la mesure dont la compétence appartient à la juridiction du lieu où sont situés les biens[240]. Dans le cas précis des biens immatériels répertoriés par l'AUPSRVE, il s'agira certainement de la juridiction du domicile ou du lieu de résidence du débiteur saisi[241]. Lorsque la saisie est exécutoire, la compétence appartient à la juridiction du domicile ou du lieu de résidence du débiteur saisi[242]. Dans tous les cas, le débiteur dispose d'un délai d'un mois pour élever ses contestations.

Si les incidents de procédure ont été relativement limités après la réforme, leur procédure de règlement l'a été encore plus.

B- L'allègement de la procédure de règlement des incidents

120.L'autre aspect de la rationalisation des procédures de saisie de l'immatériel par le droit OHADA réside dans le mérite qu'a eu le législateur, d'alléger le formalisme complexe qui entourait les procédures de règlement des incidents par une unification des règles de compétence juridictionnelle (**1**) et le maintien de l'exécution provisoire des décisions du juge en la matière (**2**).

1. L'unification des règles de compétence juridictionnelle

121. L'article 49 de l'AUPSRVE énonce que, *La juridiction compétente pour statuer sur tout litige ou toute demande relative à une mesure d'exécution forcée ou à une saisie-conservatoire est le président de la juridiction statuant*

[240] Art. 63, alinéa 2, de l'AUPSRVE.
[241] La valeur de ces biens étant nécessairement détenue par un tiers.
[242] NDIAW (D.), « Recouvrement des créances et voies d'exécution », préc., p. 39.

en matière d'urgence ou le magistrat délégué par lui. L'énoncé de ce texte rompt avec la législation antérieure qui opérait en la matière un partage de compétences entre plusieurs juridictions. Ainsi, celle-ci appartenait au juge du fond qui pouvait être en fonction du montant des causes de la saisie, le TPI ou le TGI ou encore le président du TPI, notamment en matière de référé[243]. Cet éparpillement des compétences avait fini par donner naissance à un système confus qui présentait de graves inconvénients, consistant à secréter une jurisprudence disparate et dépourvue d'homogénéité[244].

122. Pour certains, le juge unique ainsi institué correspondrait dans l'organisation judiciaire du Cameroun au juge des référés[245], tandis que pour d'autres, l'article 49 crée une instance juridictionnelle autonome dotée des pouvoirs propres et distincts sur le plan fonctionnel de la juridiction des référés[246]. Néanmoins, ces positions entrent l'une comme

[243] NDZUENKEU (A.), « Les nouvelles règles de compétence juridictionnelle en matière de saisie mobilière : regard sur l'article 49 de l'acte uniforme OHADA portant organisation des procédures simplifiées de recouvrement et des voies d'exécution », ohada.com/ohadata D-04-39, p. 1.

[244] *Ibidem*.

[245] ANABA MBO (A.), « La nouvelle juridiction présidentielle dans l'espace OHADA : l'envers et l'endroit d'une reforme multiforme », *R.C.D.A.*, n° 03, avril-juin 2000, p. 19-20 ; MODI KOKO BEBEY (H. D.), « L'indentification de la juridiction compétente de l'article 49 de l'acte uniforme portant organisation des procédures simplifiées de recouvrement et des voies d'exécution », Acte du Séminaire international sur le recouvrement des créances et des voies d'exécution, Douala, 05 au 06 oct. 2004, ohada.com/ohadata D-04-35, p. 2.

[246] TCHANTCHOU (H.), « Le contentieux de l'exécution et des saisies dans le nouveaux droit OHADA (article 49 de l'AUPSRVE) », *Juridis Périodique* n° 46, avril-juin 2001, p. 98 et s ; MINOU (S.), « La juridiction prévue à l'article 49 de l'acte uniforme n° 6 portant organisation des procédures simplifiées de recouvrement et des voies d'exécution est-elle juge des référés au Cameroun ? », ohada.com/ohadata D-08-29.

l'autre en contradiction avec la réforme de l'organisation judiciaire au Cameroun qui fait du président de chaque juridiction, le juge du contentieux de l'exécution des décisions rendues par celle-ci[247]. Cette contradiction entre le texte national et la législation communautaire maintient dès lors l'interrogation sur l'identification du véritable juge de l'exécution au Cameroun[248]. En tout état de cause, il demeure que l'ensemble du contentieux des saisies mobilières ressort aujourd'hui de la compétence d'une juridiction unique déterminée par l'article 49 précité.

123. Cette disposition a l'avantage de faciliter la mise en œuvre du mécanisme de règlement des incidents nés à l'occasion de la conduite d'une mesure d'exécution sur les biens meubles corporels ou non du débiteur et participe par la même occasion de la célérité attendue du droit des voies d'exécution. Le législateur ne s'est pas arrêté à l'unification de règles de compétence et a entendu poursuivre son œuvre par l'admission de l'exécution provisoire des décisions du juge.

2. L'exécution provisoire des décisions juridictionnelles

124. Si les règles de compétence ont été unifiées en vue de faciliter le règlement des incidents par une saisine moins complexe du juge, le besoin de satisfaction du créancier a poussé le législateur à reconnaître l'exécution provisoire des décisions rendues par le juge en la matière.

125. L'exécution provisoire a été conçue comme une faveur exceptionnelle permettant au plaideur triomphant d'anticiper dans certains cas sur le terme définitif du procès et d'obtenir l'exécution de la décision qui lui est favorable,

---

[247]ANOUKAHA (F.), « le juge du contentieux de l'exécution des titres provisoires : le législateur camerounais persiste et signe…l'erreur », préc., p. 33.

[248] ASSONTSA (R.), *Le juge et les voies d'exécution depuis la réforme de l'OHADA*, thèse préc., p. 228.

ceci par dérogation à la règle de l'effet suspensif tant des délais que de l'exercice de certaines voies de recours[249]. Le principe a été effectivement consacré en droit OHADA, mais la détermination du caractère facultatif ou de droit de la mesure semble poser quelques difficultés. En effet, l'article 49 alinéa 3 de l'AUPSRVE dispose que les décisions du juge de l'exécution sont, sauf disposition contraire spécialement motivée dudit juge, exécutoires par provision. Cependant, l'article 172 du même texte traitant du contentieux spécifique à la saisie-attribution, dispose plutôt que le délai et l'exercice de l'appel sont suspensifs d'exécution, sauf décision contraire spécialement motivée du juge. Ainsi, selon qu'on se réfère à l'article 49 ou à l'article 172 de l'AUPSRVE, on est tenté de conclure à une exécution provisoire de droit ou facultative en ce qui concerne les décisions du juge de l'article 49. Si certains n'y voient qu'une contradiction regrettable de l'AUPSRVE[250], d'autres en revanche y décèlent une organisation intelligible du législateur pour considérer que l'article 172 manifeste un aménagement particulier dicté par la spécificité de la saisie-attribution, tandis que le droit commun de l'exécution provisoire des décisions du juge de l'exécution demeure celui résultant de l'article 49[251].

126. La limitation du recours au juge et la rationalisation des incidents de procédure participent de la simplification des procédures de saisie et donc de la facilitation du recouvrement des créances. L'objectif recherché semble ainsi prendre forme. Toutefois, les difficultés liées au défaut de concordance législative en droit OHADA influent

---

[249] TCHANTCHOU (H.) et NDZUENKEU (A.), « L'exécution provisoire à l'ère de l'OHADA », *Penant* n° 850, p. 46.

[250] ANABA MBO (A.), « la nouvelle juridiction présidentielle dans l'espace OHADA : l'endroit et l'envers d'une reforme multiforme », *RCDA* n° 3, 2000, p. 31.

[251] TCHANTCHOU (H.) et NDZUENKEU (A.), « L'exécution provisoire à l'ère de l'OHADA », préc., p. 54.

directement sur l'efficacité recherchée et prolongent dès lors le moment où le créancier attend d'être payé.

Section II : L'amenuisement des chances de recouvrement par le défaut de concordance législative

127.L'imbrication entre les Actes uniformes de l'OHADA est susceptible d'influencer grandement la protection effective des droits reconnus aux personnes. Lorsque les principes exprimés dans un texte sont remis en cause ou ignorés dans un autre intégrant le même système, l'incertitude juridique s'installe tandis que la sécurité juridique recule. Telle est la situation qui ressort de l'analyse de la mise en œuvre des procédures de saisie sur les biens immatériels en droit OHADA. Pendant que la procédure de saisie-attribution porte atteinte dans sa mise en œuvre aux principes du droit substantiel reconnus depuis 1804 par le Code civil (**paragraphe I**), celle de la saisie des droits d'associés et des valeurs mobilières se heurte aux règles prévues par l'AUDSCGIE (**paragraphe II**).

Paragraphe I : La mise à mal des principes du droit substantiel par la saisie-attribution

128. La saisie-attribution est certes efficace pour des raisons liées principalement à la simplicité et la rapidité qui la caractérise. Seulement, cette efficacité n'a d'intérêt que pour le premier saisissant et méconnait grandement les droits des autres créanciers (**A**), tout en atteignant dangereusement le débiteur qui perd ici le droit de demander une prorogation des délais (**B**).

A- L'atteinte à l'égalité entre les créanciers

129. Le principe d'égalité entre les créanciers est posé de façon expresse par le Code civil de 1804. Celui-ci dispose en effet que les biens du débiteur sont le gage commun de ses créanciers et le prix s'en distribue entre eux par contribution, à moins qu'il n'y ait entre les créanciers, des causes légitimes de préférence[252]. Cette disposition laisse clairement ressortir l'impérativité du concours entre les créanciers et la prise en compte des causes légitimes de préférence. La saisie-attribution bat en brèche toutes ces prévisions pour reconnaître au premier saisissant un privilège exorbitant (**1**) qui déteint en conséquence sur les règles classiques de distribution (**2**).

1. Le privilège du premier saisissant

130. Une fois signifiée, l'acte de saisie emporte l'indisponibilité de la somme saisie et son attribution immédiate au profit du créancier saisissant[253]. On retrouve ici une application du principe général selon lequel le premier en temps est le premier en droit *(prior tempore potior jure)*. Le premier saisissant bénéficie donc d'une attribution exclusive et privilégiée de la somme saisie. Cette attribution n'est pas à confondre avec le transport immédiat des sommes saisies qui n'interviendra que sur présentation d'un certificat de non-contestation ou d'une décision de justice déboutant le débiteur de ses contestations[254]. L'attribution immédiate de la créance opère au profit du créancier saisissant, un véritable droit de propriété sur les sommes saisies, c'est dire que les biens saisis sortent dès lors du patrimoine du débiteur saisi pour intégrer celui du créancier[255]. Cette situation peut s'assimiler ou non à un paiement selon qu'une défense à exécution est sollicitée ou pas[256]. De même, l'acte de saisie

---

[252] Art. 2093 du Code civil.

[253] POUGOUÉ (P.-G.) et TEPPI KOLLOKO (F.), *La saisie attribution des créances OHADA*, *op.cit.*, p. 41.

[254] *Ibidem.*

[255] KAHIL (O.), *L'égalité entre les créanciers dans le cadre de la saisie-attribution,* thèse préc., p. 249.

[256] En effet, l'effet attributif de la saisie-attribution se combine avec l'impossibilité d'arrêt d'une exécution déjà entamée pour empêcher une quelconque suspension de la mesure. Dès qu'elle est initiée, la saisie-

rend le tiers-saisi personnellement débiteur des causes de la saisie[257]. Ceci suppose que le paiement effectué par celui-ci au débiteur saisi n'est pas libératoire envers le créancier saisissant qui est désormais le créancier légitime du tiers.

L'attribution immédiate s'affirme avec encore plus de vigueur lorsque la saisie porte sur une créance à exécution successive. Cette dernière s'entend comme une créance unique qui donne droit à plusieurs prestations pour lesquelles l'exécution est étalée dans le temps pour une durée qui peut être déterminée ou indéterminée[258]. Dans cette hypothèse, l'effet attributif immédiat s'emparera des sommes échues et s'étendra à celles à échoir nonobstant l'ouverture d'une procédure collective à l'égard du débiteur saisi[259].

131. La force du principe de l'attribution immédiate de la créance au profit du créancier saisissant est encore plus marquée par l'inefficacité des saisies ou de tout autre prélèvement fait ultérieurement à la première saisie ou aux autres saisies réalisées dans la même journée[260]. La procédure

---

attribution est considérée comme ayant déjà produit tous ses effets, la remise matérielle des fonds n'étant plus qu'une formalité d'usage. Dans ce cas, l'effet attributif peut être assimilé à un payement. La distinction entre les deux notions demeure toutefois nécessaire du point de vue de la possibilité de contestation offerte au débiteur. Dans cette hypothèse, la remise matérielle des fonds peut parfaitement être remise en cause si les contestations du débiteur s'avèrent fondées. Même en l'absence de contestation, cette remise ne sera possible qu'à l'expiration du délai d'un mois accordé au débiteur saisi pour élever les contestations, à moins que ce dernier n'ait déclaré par écrit ne pas contester la saisie ; voir obs. ASSONTSA (R.) sous CA-Centre, arrêt n° 561/CE du 15 nov. 2013, aff. Sté Geovic Cameroun SA c/ Brent Horochuk, *Juridis Périodique* n° 103, juill.-août-sept. 2015, p. 72 et s.

[257] Art. 154 al. 3 de l'AUPSRVE.

[258] GNAGNE (Y. N.), *La saisie-attribution à l'épreuve de la procédure collective*, thèse de Master, Université de Paris I, 2012, p. 45.

[259] *Ibid*, p. 43.

[260] POUGOUÉ (P.-G.) et TEPPI KOLLOKO (F.), *La saisie attribution des créances OHADA*, *op.cit.*, p. 44.

écarte en principe tout concours entre les créanciers du débiteur et confère au premier saisissant une situation préférentielle et exclusive par rapport aux autres saisissants, nonobstant toutes causes légitimes de préférence[261]. On voit là poindre la première manifestation de l'atteinte à l'égalité entre les créanciers promue par le Code civil qui préconise le concours entre les créanciers d'un même débiteur en vue d'assurer la participation de tous à la distribution du prix.

Même dans l'hypothèse très peu probable où les créanciers viendraient en concours, les règles de distribution du prix s'en trouveraient modifiées.

2. L'entorse aux règles classiques de distribution

132. Le créancier qui met en œuvre une saisie-attribution se trouve en principe à l'abri de tout concours avec les autres créanciers du débiteur. Toutefois, il pourrait en être autrement lorsque les saisies postérieures à la saisie-attribution ont eu lieu le même jour que celle-ci, précisément lorsque les sommes disponibles ne permettent pas de désintéresser la totalité des créanciers ainsi saisissants[262]. Ceux-ci viennent dès lors en concours. Dans cette hypothèse, la distribution des sommes disponibles se fera selon des modalités qui déjouent gravement les prévisions législatives du Code civil sur le principe de l'égalité entre les créanciers. En effet, la question des modalités de répartition des sommes disponibles a constitué pendant un certain temps, une ambigüité qui est désormais résolue depuis la décision du TGI de Saint-Etienne optant pour l'application de la

[261] KAHIL (O.), *L'égalité entre les créanciers dans le cadre de la saisie-attribution*, thèse préc., p. 251. On peut toutefois envisager une hypothèse de prise en compte des causes légitimes de préférence, précisément en ce qui concerne les créanciers d'aliments, en ce sens que l'art. 213 alinéa 2 de l'AUPSRVE dispose que leur créance est préférée à tout autre, quel que soit le privilège dont ces dernières peuvent être assorties.

[262] Art. 155 al. 1er de l'AUPSRVE.

distribution *au marc le franc*[263], c'est-à-dire proportionnellement aux créances et sans qu'aucun compte ne soit tenu du caractère privilégié ou non de celles-ci[264].

La règle est si forte qu'elle exclue même le privilège du trésor, en ce qu'un avis à tiers détenteur signifié le même jour qu'une saisie-attribution donne lieu à une distribution proportionnelle de la somme disponible entre l'État et le créancier pratiquant la saisie-attribution. Bien que ces solutions découlent essentiellement de la jurisprudence française, on peut penser qu'elles sont transposables dans le droit OHADA, une telle interprétation ayant été faite en application des dispositions rédigées en des termes presque identiques à ceux de cette dernière législation. On pourrait voir là, une certaine volonté législative de promouvoir le bon sens et l'équité en vue d'encourager de la même manière, les créanciers ayant manifesté le même degré de diligence. Cette position se justifierait notamment par une distinction entre le droit d'être payé en priorité en cas de vente forcée et l'attribution directe de la propriété en cas de saisie-attribution. Dans le premier cas, la saisie suivie d'une licitation justifierait la prise en compte des causes légitimes de préférence contrairement au second cas[265].

133. En tout état de cause, cette position rend abstraite la notion d'égalité entre les créanciers et la règle posée par l'article 2093 du Code civil s'en trouve manifestement remise en cause dans la mesure où celle-ci promeut une égalité qui prend en compte les causes légitimes de préférence.

---

263 JEX Saint-Etienne, 16 juin 1994, *D.* 1995, p. 233, note PREVAULT (J.).

264 POUGOUÉ (P.-G.) et TEPPI KOLLOKO (F.), *La saisie attribution des créances OHADA*, *op.cit.,* p. 44.

265 CROZE (H.), « La loi n° 91-650 du 9 juillet portant réforme des procédures civiles d'exécution/ les règles spécifiques aux différentes mesures d'exécution forcée et mesures conservatoires », *JCP* n° 20, éd. G, p. 236.

La saisie-attribution met à mal les principes du droit substantiel et l'atteinte à l'égalité entre les créanciers n'en est que le premier volet. Les règles protectrices du débiteur semblent reculer par la remise en cause du droit à un délai de grâce.

B- La privation au débiteur du délai de grâce

134. Le juge peut, compte tenu de la situation du débiteur et en considération des besoins du créancier, reporter ou échelonner le paiement des sommes dues dans la limite de deux années[266]. Cette règle expressément consacrée par le Code civil et les dispositions générales de l'AUPSRVE en vue de la protection du débiteur, a été remise en cause dans la saisie-attribution (**2**), bien qu'aucune disposition législative ou règlementaire ne consacre une telle remise en cause (**1**).

1. L'absence de prescription législative explicite

135. Il convient de rappeler qu'aucune disposition législative ou réglementaire ne semble interdire la possibilité pour le débiteur d'obtenir auprès du juge, un délai supplémentaire pour lui permettre de surmonter les difficultés auxquelles il fait face ;si celles-ci sont passagères afin d'être à mesure de remplir ses obligations vis-à-vis de ses créanciers tout en restant crédible et à même de continuer ses activités. Une telle prescription n'existe ni dans l'AUPSRVE de l'OHADA, ni en droit comparé, notamment dans la loi française de 1991 portant réforme des procédures civiles d'exécution[267] de laquelle s'est inspiré le législateur OHADA.

Cette remarque est d'autant plus pertinente que la règle du report ou de l'échelonnement du paiement a été reprise et

[266] Art. 1244- 1 du Code civil.
[267] KAHIL (O.), *L'égalité entre les créanciers dans le cadre de la saisie-attribution*, thèse préc., p. 287.

réaménagée par le législateur communautaire. Celui-ci dispose en effet que le report ou l'échelonnement ne peut se faire que dans la limite d'une année et demeure inopérant en ce qui concerne le paiement des dettes alimentaires ou cambiaires[268]. La reconduction d'un tel principe par législateur OHADA dans l'AUPSRVE et précisément dans le titre consacré aux dispositions générales, laisse *a priori* penser que le sort du débiteur intéresse effectivement le législateur qui a entendu le protéger en permettant à celui-ci, lorsqu'il ferait l'objet d'une mesure d'exécution forcée, d'obtenir gracieusement du juge un éventuel prolongement des délais, de peur d'en être asphyxié.

136. Seulement, malgré l'absence d'interdiction législative expresse sur la question, on peut aisément constater une incompatibilité entre l'effet attributif et le délai de grâce, en raison de l'impérialisme pratique du premier sur le second.

2. L'impérialisme de l'effet attributif sur le délai de grâce

137. L'effet attributif de la saisie-attribution tel que consacré par le législateur OHADA ne s'accommode pas au principe du délai de grâce. Ce dernier s'identifie à un délai supplémentaire accordé au débiteur par le juge pour exécuter son obligation, compte tenu de sa situation personnelle et des conditions économiques[269]. En effet, la saisie-attribution ayant pour effet de transmettre la propriété des fonds au créancier saisissant, ceux-ci sont d'ores et déjà sortis du patrimoine de débiteur. On pourrait même dire que l'exécution s'est déjà produite. Dans une telle hypothèse, l'octroi d'un délai supplémentaire pour le paiement s'avère impertinent. C'est pour cette raison qu'il est fait interdiction

---

[268] Art. 39 alinéa 2 de l'AUPSRVE.

[269] GUILLIEN (R.) et VINCENT (J.), *Lexique des termes juridiques*, 18e éd., Dalloz, Paris, 2011.

au juge de l'exécution d'octroyer un délai de grâce après la signification de l'acte de saisie[270]. Ainsi, le paiement fait par le tiers-saisi au créancier saisissant en vertu de la saisie-attribution pratiquée par celui-ci ne peut être remis en cause par l'octroi au débiteur d'un délai de grâce[271]. Dès sa notification, l'acte de saisie transfère immédiatement la créance, du patrimoine du débiteur saisi à celui du créancier saisissant. Dans cette optique, la saisie ayant produit son effet, il n'y plus rien à suspendre[272]. En effet, comme il a été précédemment relevé[273], du point de vue de la suspension de la procédure, l'effet attributif peut être assimilé à un paiement. Cette situation est due à la rigueur de l'effet attributif immédiat qui opère instantanément dès la signification de l'acte de saisie et ne tolère aucune remise en cause basée sur un évènement qui lui est postérieur.

138. Si le législateur a consacré le délai de grâce, c'est pour protéger l'intérêt du débiteur qui se trouve dans une situation financière difficile mais passagère. Cette institution participe de la logique d'humanisation des procédures civiles d'exécution qui ne doivent pas être perçues comme des instruments d'oppression fournis aux créanciers pour asphyxier les débiteurs. La réglementation de la saisie-attribution devrait donc s'organiser de façon à donner la possibilité au juge d'octroyer au débiteur un délai supplémentaire de paiement[274].

---

[270] CCJA, arrêt n° 035/2005 du 2 juin 2005, Mme Khouri Marie c/ société Hyjazi Samih et Hassane dite Induschimie et Société Générale de Banque en Côte d'Ivoire, dite SGBCI, *in Les Grandes décisions de la Cour Commune de Justice et d'Arbitrage*, p. 569, obs. KUATÉ TEMEGHÉ (S. S.).

[271] Cass. 2e civ. du 4 oct. 2001. *Bull. civ.* n° 150, p. 103.

[272] LEFORT (C.), « saisie-attribution », *Rép. Pr. Civ. D.* 2007, n° 238, p. 57.

[273] Voir *supra*, n° 130.

[274] Voir *infra*, p. 119 et s.

Ces développements manifestent une contradiction regrettable entre les règles substantielles du Code civil et celles processuelles de l'AUPSRVE. Le phénomène est d'autant plus affirmé que la contradiction s'aperçoit même entre les Actes uniformes de l'OHADA. Cette dernière remarque constitue aujourd'hui une difficulté de plus en plus décriée en droit OHADA, eu égard à la multiplicité des cas qui la manifestent[275]. La difficulté s'observe dans la saisie des droits d'associés et des valeurs mobilières dont l'efficacité s'en trouve dès lors écorchée.

Paragraphe II : L'inadaptation de la saisie des droits d'associés et des valeurs mobilières au droit des sociétés commerciales

139. Bien que la saisie des droits d'associés et des valeurs mobilières apparaisse comme l'une des innovations les plus importantes de la reforme OHADA[276], elle reste tout de même d'une efficacité manifestement limitée, en ce qu'elle se heurte à la réglementation du droit des sociétés qui ne lui est pas toujours favorable. En amont, la procédure n'est réservée qu'à une certaine catégorie de créanciers, c'est-à-dire ceux

---

[275] On peut ainsi relever à titre d'exemple, le fait pour le législateur communautaire d'avoir admis dans l'AUDCG, la validité du contrat de bail verbal (art. 103) et l'expulsion comme mesure d'exécution sur le locataire en l'absence de payement par celui-ci du prix (art. 133 alinéa 3), tout en interdisant dans l'AUPSRVE en ce qui concerne le premier cas, que l'acte serve de base à la saisie conservatoire (art. 55 al. 2) et en brillant par une absence de règlementation de la mesure dans le second ; lire dans ce sens, ASSONTSA (R.), obs. sous CA-Littoral, arrêt n° 033/REF du 15 févr. 2010, aff. L'Hôtel Akwa Palace c/ Sté de Fourniture Industrielles du Cameroun (S.F.I.C), *RDAO* n° 01, p. 73 ; ASSONTSA (R.), « L'affaire maitre VOUGMO Magloire : encore une résistance à l'application du droit de l'OHADA », *Penant* n° 875, avril-juin 2011, p. 275 et s.

[276] NDZUENKEU (A.), « L'OHADA et la réforme des procédures civiles d'exécution en droit Africain : l'exemple du Cameroun », préc., p. 119.

remplissant les conditions relatives à la qualité d'associé[277] étant donné qu'elle pourrait éventuellement s'achever par l'adjudication des titres au créancier saisissant[278]. En aval, les exigences liées à l'agrément social (**A**) et les considérations de fait inhérentes aux sociétés commerciales en constituent les principales entorses (**B**).

A- L'hypothèque de la procédure par l'exigence de l'agrément social

140. L'agrément social peut s'entendre comme la procédure par laquelle les associés d'une société approuvent ou refusent la cession ou la transmission des parts ou des actions d'une personne[279]. Son impact sur la procédure de saisie des droits d'associés et des valeurs mobilières est d'intensité variable en fonction de la catégorie à laquelle appartient la société émettrice des titres. Ainsi, il peut constituer une cause d'obstruction totale de la procédure dans les sociétés constituées principalement en considération de la personne (**1**) et une source d'alourdissement de celle-ci dans celles constituées en considération du capital (**2**).

1. L'obstruction de la procédure par un fort *intuitu personae*

141. L'*intuitu personae* est une expression employée pour caractériser les opérations dans lesquelles la personnalité de l'une des parties est tenue pour essentielle[280].

---

[277] C'est dire qu'ils ne doivent faire l'objet d'aucune interdiction, incapacité ou incompatibilité prévue par l'AUDCG ; voir à cet effet l'art. 7 de l'AUDSCGIE.

[278] BIKECK MBANG (A.), « La saisie des droits d'associés et des valeurs mobilières de la législation OHADA : une reforme inadaptée au droit des sociétés commerciales », *RTDA*, janv.-mars 2013, p. 10.

[279] GUILLIEN (R.) et VINCENT (J.), *Lexique des termes juridiques*, *op.cit.*, p. 26.

[280] CORNU (G.), *Vocabulaire juridique*, Association Henri Capitant, PUF, Paris, 2012, p. 569.

Cette prise en compte de la personnalité constitue une barrière juridique pour les tiers, rendant dès lors quasiment impossible la saisie des droits d'associés émis par les sociétés de personnes[281]. En effet, la saisie s'identifie comme une cession forcée et comme toute cession des titres émis par les sociétés constituées en considération de la personne, elle doit être soumise à l'agrément des coassociés du débiteur saisi. Si elle porte sur des titres émis par une société en nom collectif, l'agrément devra découler du consentement unanime des coassociés du débiteur saisi[282]. Ce principe se justifie par la rigueur qu'appelle la personnalité des associés dans cette structure où les parts sociales ne sont en principe pas destinées à changer de mains.

Le législateur OHADA organise tout de même un assouplissement à la règle de l'unanimité en prévoyant que les statuts de la société puissent aménager une procédure de rachat en vue de permettre le retrait de l'associé cédant[283]. Seulement, cette prévision semble s'accommoder exclusivement aux cas de cessions volontaires[284]. Dès lors, l'impérativité de la règle de l'unanimité est susceptible de remettre en cause la réalisation d'une mesure d'exécution sur les parts sociales émises par la société en nom collectif.

Il en est de même en ce qui concerne les titres émis par la société en commandite simple. Dans cette hypothèse, au meilleur des cas pour le tiers, et partant, le créancier saisissant, les parts sociales ne seront cessibles qu'avec le consentement de tous les associés commandités et la majorité

[281] BIKECK MBANG (A.), « La saisie des droits d'associés et des valeurs mobilières de la législation OHADA : une reforme inadaptée au droit des sociétés commerciales », préc., p. 11.
[282] Art. 274 al. 1er de l'AUDSCGIE.
[283] Art. 274 al. 2 de l'AUDSCGIE.
[284] BIKECK MBANG (A.), « La saisie des droits d'associés et des valeurs mobilières de la législation OHADA : une reforme inadaptée au droit des sociétés commerciales », préc., p. 11.

en nombre et en capital des associés commanditaires[285]. Là encore, la saisie ne prospéra pas si l'agrément fait défaut au créancier.

142. Dans l'un et l'autre cas, le créancier saisissant n'obtiendra probablement pas l'agrément exigé, eu égard au caractère forcé de la mesure envisagée et son effet qui consistera à imposer à la société un nouveau membre étranger à celle-ci, alors qu'elle a été constituée en considération de la personne de chacun de ses membres. Le créancier aura tout de même plus de chance si les titres sont émis par une société au sein de laquelle la considération de la personne est moins importante.

2. L'alourdissement de la procédure par un *intuitu personae* tempéré

143. Alors que les exigences liées à l'agrément social peuvent bloquer définitivement la procédure de saisie en présence d'un fort *intuitu personae,* ceux-ci constituent des obstacles parfaitement surmontables lorsque la considération de la personne est tempérée, en ce sens que le créancier dispose effectivement des moyens de les contourner. Il n'en demeure pas moins qu'ils sont sources de ralentissement de la procédure.

144. La première hypothèse est celle de la société à responsabilité limitée. Celle-ci revêt un caractère hybride en ce qu'elle emprunte simultanément aux règles spécifiques des sociétés constituées en considération de la personne et de celles constituées en considération du capital. Cependant, la force de *l'intuitu personae* y a une tendance dominatrice, si bien que la personnalité de l'associé compte plus que son portefeuille[286]. Dès lors, à défaut d'aménagements statutaires,

---

[285] Art. 296 de l'AUDSCGIE.

[286] COZIAN (M.) et VIANDIER (A.), *Droit des sociétés*, Litec, 9e éd., n° 1250 et s, cité par BIKECK MBANG (A.), « La saisie des droits

les parts sociales n'y seront cessibles qu'avec le consentement de la majorité des associés non saisis représentant au moins les trois quarts du capital social, déduction faite des parts de l'associé saisi[287]. Mais contrairement au cas des sociétés exclusivement constituées en considération de la personne, le refus de l'agrément entraîne automatiquement l'obligation solidaire et indéfinie pour les associés et dans un délai de trois mois, d'acquérir les parts à un prix qui, à défaut d'accord entre les parties, sera fixé par un expert désigné par la juridiction compétente. À défaut, et dans le même délai, la société peut décider de procéder au rachat des titres.

Cette hypothèse n'est pas très différente de celle des actions émises par les sociétés de capitaux. Celles-ci sont des valeurs mobilières qui demeurent en principe librement cessibles[288] et devraient donc être saisissables sans difficultés. Seulement, le législateur OHADA a prévu la possibilité pour les actionnaires de stipuler dans les statuts que la transmission des actions à un tiers à la société soit soumise à l'agrément du conseil d'administration ou de l'assemblée générale extraordinaire[289]. Dès lors, toute saisie projetée au bénéfice d'un tiers à la société est soumise à l'agrément prévu par les associés dans les statuts. Toutefois, sont dispensées d'une telle formalité, les saisies opérées au profit des coactionnaires, des conjoints, descendant ou ascendant du débiteur saisi[290]. Par ailleurs, si la société n'agrée pas l'adjudicataire proposé, le conseil

---

d'associés et des valeurs mobilières de la législation OHADA : une reforme inadaptée au droit des sociétés commerciales », préc., p. 12.

[287] Art. 319 de l'AUDSCGIE.

[288] Art. 764 de l'AUDSCGIE.

[289] Art. 765 al. 2 de l'AUDSCGIE.

[290] BIKECK MBANG (A.), « La saisie des droits d'associés et des valeurs mobilières de la législation OHADA : une reforme inadaptée au droit des sociétés commerciales », préc., p. 13.

d'administration ou l'administrateur général selon le cas devra donner satisfaction au créancier dans un délai de trois mois, soit par acquisition d'un actionnaire, soit par un tiers choisi par la société, soit par la société elle-même en vue de la réduction du capital social.

145. La procédure de saisie est donc quasi-inefficace ou lourde, selon que *l'intuitu personae* qui caractérise le bien saisi est fort ou tempéré. En dehors de ces cas, la saisie peut également être entravée par des considérations de fait.

B- Le blocage de la procédure par les considérations de fait inhérentes à la société

146. La saisie des droits d'associés et des valeurs mobilières peut également se heurter à des considérations de fait, susceptibles d'empêcher effectivement son dénouement. Ainsi, le défaut de personnalité morale laissera le créancier dans une impasse (**1**), tandis que les difficultés financières de la société entraveront probablement la procédure (**2**).

1. Les incertitudes liées au défaut de personnalité morale de la société

147. La personnalité morale des sociétés commerciales s'acquiert impérativement par la formalité de l'immatriculation au registre de commerce et du crédit mobilier[291]. L'effectivité de cette formalité confère à la société une existence juridique, lui permettant de s'affirmer comme un véritable sujet de droit. Par contre, le défaut d'immatriculation fait de la société une entité dépourvue de crédibilité et juridiquement absente. On peut distinguer dans cette dernière hypothèse, d'une part le défaut de personnalité morale voulu et d'autre part le défaut de personnalité morale

[291] Art. 29 de l'AUDSCGIE.

subi[292]. Dans la première catégorie, la référence est faite aux sociétés en participation, tandis que dans la seconde, l'on pense plus aux sociétés de fait et à celles créées de fait.

148. Les difficultés d'accéder aux parts sociales des sociétés de la seconde catégorie peuvent tenir au caractère délictuel de celles-ci[293]. En effet, la société créée de fait ne vient à l'existence qu'au moment de sa dissolution[294]. Elle est assimilée à une société à nom collectif impliquant la responsabilité solidaire des associés. Ainsi, la détermination des droits et obligations des associés se fait par le juge[295] et la reconnaissance juridique des parts sociales se fait simultanément avec l'attribution de leur valeur pécuniaire au titulaire. Le créancier de la société créée de fait, par exemple, n'a dès lors aucun intérêt à engager une procédure de saisie sur les parts sociales, celles-ci n'ayant en réalité jamais existé[296]. En ce qui concerne la société de fait, celle-ci bénéficie contrairement à la première, d'une existence juridique préalable qui souffre d'un vice de formation n'ayant pas été régularisé[297]. Il s'agit en réalité d'une société dont la dissolution a été prononcée et la saisie des parts sociales dans

---

[292] BOUTRY (C.), « L'absence de personnalité morale dans les sociétés », *JCP-E,* 15 févr. 2001, p. 130.

[293] Ces titres sociaux revêtent un caractère délictuel dans la mesure où elles auront été émises de façon illégale, le législateur n'autorisant l'émission des titres sociaux qu'après l'immatriculation de la société, exception faite du cas de la société en participation.

[294] MBA-OWONO (Ch.), « Société créée de fait et société de fait en droit OHADA : l'apport de l'Acte uniforme révisé relatif au droit des sociétés commerciales et du groupement d'intérêt économique », *Penant* n° 888, p. 365.

[295] *Ibidem.*

[296] La procédure de saisie devra dans cette hypothèse porter sur les revenus pécuniaires accordés au débiteur par le juge et le créancier pourra dans cette optique procéder à une saisie-attribution, une saisie-vente ou une saisie immobilière en fonction de nature des biens représentants ces revenus.

[297] Art. 865 de l'AUDSCGIE.

cette hypothèse risque fortement de se heurter au défaut d'adjudicataire.

149. Pour ce qui est de la première catégorie constituée de la société en participation, l'appréciation s'avère mitigée et les titres semblent également s'accommoder difficilement à une mesure d'exécution forcée.

150. D'abord, le caractère nécessairement secret de la société en participation[298] ne permet pas aux tiers d'en avoir facilement connaissance et donc d'envisager des mesures d'exécution sur les titres qu'elle émet. Ensuite, le défaut de personnalité morale dont celle-ci est l'objet laisse penser que leur saisie demeure impossible, l'acte de saisie ne pouvant trouver de destinataire[299]. Certes, comme on vient de le voir[300], il est fait application pour son traitement des règles régissant la SNC[301]. Seulement, celles-ci ne contribuent pas à lui reconnaître une personnalité juridique, mais plutôt à déterminer l'étendue de la responsabilité des associés vis-à-vis des tiers. Une autre façon de voir, voudrait que l'on dépasse l'aspect purement technique qui conduirait à faire échapper ces biens à la procédure de saisie, pour envisager une saisie auprès du gérant de la société en participation ou auprès de chaque associé[302]. Cette dernière nous semble

---

[298] POUGOUÉ (P.-G.), ANOUKAHA (F.) et NGUEBOU-TOUKAM (J.), *Le droit des sociétés commerciales et Groupement d'Intérêt économique de l'OHADA*, PUA, Yaoundé, 1998.

[299] CANNU (P.), « saisie-vente des droits d'associés et des valeurs mobilières non cotés (loi du 9 juillet 1991 et décret du 31 juillet 1992 », *Bull. Joly*, 1992, 1275, n° 7, cité par BIKECK MBANG (A.), « La saisie des droits d'associés et des valeurs mobilières de la législation OHADA : une reforme inadaptée au droit des sociétés commerciales », préc., p. 14.

[300] V. *supra*, n° 148.

[301] MBA-OWONO (Ch.), « Société créée de fait et société de fait en droit OHADA : l'apport de l'Acte uniforme révisé relatif au droit des sociétés commerciales et du groupement d'intérêt économique », préc., p. 369.

[302] BIKECK MBANG (A.), « La saisie des droits d'associés et des valeurs mobilières de la législation OHADA : une reforme inadaptée au droit des sociétés commerciales », préc., p. 14.

mieux appropriée dans la mesure où les titres ayant effectivement une valeur pécuniaire, ceux-ci intègrent le patrimoine du débiteur et devrait incontestablement participer au gage général des créanciers.

Outre l'incertitude liée au défaut de personnalité morale de la société, la procédure peut également buter sur les difficultés financières rencontrées par la société.

2. Les restrictions dues aux difficultés financières de la société

151. Les difficultés financières rencontrées par la société influent négativement aussi bien sur les droits des créanciers sociaux que sur ceux des créanciers personnels des associés. Ceci étant, toutes les actions entreprises après la déclaration de cessation de paiement vont dans le sens du sauvetage de l'entreprise, l'idéal étant réduit au seul intérêt de cette dernière et de ses partenaires.

La faillite de la société, notamment dans les sociétés constituées en considération de la personne, entraîne automatiquement celle des associés en ce qui concerne uniquement les dettes sociales à l'exclusion des dettes personnelles des associés. Dans cette logique, l'adjudicataire des titres saisis serait mal venue aussi bien pour la société dont l'objectif principal est le redressement, que pour lui-même, dans la mesure où il risquerait d'être entraîné par la faillite[303].

152. Dans tous les cas, la saisie pratiquée sera bloquée soit par le redressement judiciaire de la société, soit par celui personnel de l'associé dont les droits sont saisis. Il convient de relever à cet effet qu'il est en principe permis de saisir les droits sociaux d'un associé *in bonis* malgré l'ouverture d'une procédure collective à l'égard de la société. Seulement, cette

---

[303] *Ibid*, p. 15.

mesure risquera en pratique d'être véritablement perturbée compte tenu du rôle de la société elle-même dans le déroulement de la procédure[304]. Les difficultés financières de la société drainent ainsi un ensemble de restrictions auxquelles sont susceptibles de se heurter la procédure de saisie des droits d'associés et des valeurs mobilières. La nouvelle procédure de conciliation n'offre pas des perspectives intéressantes de ce point de vue, bien que l'orientation choisie puisse trouver des justifications[305]. Elle permet au débiteur poursuivi en paiement pendant la période de recherche de l'accord, de saisir le président du tribunal qui, après avis du conciliateur, pourra reporter le paiement des sommes demandées et ordonner la suspension des poursuites engagées par ce créancier qui négocierait de mauvaise foi[306].

* *

*

153. L'efficacité des procédures organisées par le législateur OHADA en vue de l'appréhension des biens immatériels revêt donc un caractère véritablement relatif. La simplification effective des procédures ainsi présentées se trouve contrebalancée par la réalité du risque d'insatisfaction du créancier, en raison de la concordance relative entre les textes de l'OHADA. Il en résulte précisément une certaine infidélité du droit processuel de l'AUPSRVE à celui substantiel consacré par les autres textes, réduisant par la même occasion les chances de recouvrement du créancier.

---

[304] *Ibid*, p. 14.

[305] Il serait presque impossible de trouver l'accord si certains créanciers pouvaient obtenir le paiement au moment où d'autres acceptent des sacrifices.

[306] SAWADOGO (F. M.), « Les procédures de prévention dans l'AUPC révisé : la conciliation et le règlement préventif », *Droit et patrimoine* n° 253, déc. 2015, p. 35 et s.

CONCLUSION DE LA PREMIÈRE PARTIE

154. Si l'on doit reconnaître au législateur OHADA un certain mérite, c'est bien d'avoir modernisé les procédures civiles d'exécution par la consécration en la matière d'un droit nouveau qui prend en compte bien plus que le droit antérieur, l'évolution du contenu du patrimoine, liée à la forte propension de celui-ci à la dématérialisation.

On peut à cet effet se rendre compte que le législateur communautaire fait de la saisie des biens incorporels l'un des points principaux sur lesquels s'appuie l'AUPSRVE. Ce dernier organise dès lors de façon expresse et largement détaillée, les procédures de saisie spécialement prévues pour certaines catégories de biens immatériels[307]. Cette organisation couvre aussi bien les saisies conservatoires sur les biens incorporels que celles à fin d'exécution. L'efficacité de ces mesures revêt un caractère variable en fonction de l'angle d'appréciation. Ainsi, du point de vue de la célérité, le caractère simplifié des procédures s'affirme comme la pièce maitresse du législateur. Cependant, la certitude du recouvrement et la satisfaction commune des intérêts en présence ne sont pas toujours de mise, eu égard à la relative concordance entre le droit substantiel consacré d'une part par le Code civil, et d'autre part par l'AUDSCGIE et le droit processuel organisé par l'AUPSRVE.

---

[307] Il semble opportun de rappeler à ce niveau que l'AUPSRVE n'organise les procédures de saisie en ce qui concerne les biens immatériels que pour les créances de somme d'argent ainsi que les droits d'associés et les valeurs mobilières.

155. Cette relative efficacité des procédures mise à part, il ressort de l'analyse que malgré la volonté manifeste du législateur communautaire d'appréhender les biens immatériels par les procédures de saisie, cette catégorie de biens demeure en pratique et dans une grande proportion, suffisamment relâchée par le droit OHADA des saisies.

PARTIE II

LE RELÂCHEMENT DE L'IMMATÉRIEL PAR LE DROIT OHADA DES SAISIES

156. La satisfaction qui germe après le constat de la prise en compte des valeurs immatérielles par le droit OHADA des saisies s'estompe assez facilement lorsque par une analyse plus approfondie, l'on s'aperçoit qu'un ensemble de biens incorporels ne faisant l'objet d'aucune contestation quant à la réalité de leurs valeurs pécuniaires demeurent en droit OHADA exempt de toute mesure d'exécution forcée (**chapitre I**). Il nous semble dès lors judicieux d'envisager des mesures palliatives qui pourraient contribuer à l'édification d'un droit OHADA des saisies plus moderne et de plus en plus conquérant des nouvelles fortunes dont la nature dématérialisée tend à les faire échapper au gage général des créanciers (**chapitre II**).

CHAPITRE I

LA PERSISTANCE DE L'INSAISISSABILITÉ DE L'IMMATÉRIEL EN DROIT OHADA

157. Malgré l'organisation des procédures de saisie spécifiques aux biens immatériels, il demeure qu'à la réalité, une part non négligeable de ces valeurs échappe effectivement aux mesures d'exécution consacrées par le législateur communautaire. Dans certains cas, cette insaisissabilité résulte d'une consécration expresse du législateur (**section I**), tandis que dans d'autres, elle manifeste simplement les insuffisances pratiques du droit OHADA des saisies (**section II**).

Section I : L'insaisissabilité consacrée de l'immatériel en droit OHADA

158. Pour des raisons compréhensibles, certains biens incorporels ne peuvent faire l'objet d'exécution forcée. L'exclusion de ces biens immatériels du champ d'application des voies d'exécution se justifie d'une part par la volonté du législateur de protéger un intérêt qui lui semble légitime (**paragraphe I**) et d'autre part, par l'attachement du bien à la personne du débiteur (**paragraphe II**).

Paragraphe I : L'insaisissabilité consacrée en vue de la protection d'un intérêt légitime

159. Bien que les voies d'exécution se présentent comme une nécessité pour la promotion du crédit et de la fluidité des relations humaines en société, le législateur OHADA a pris le soin d'éviter que celles-ci ne heurtent l'intérêt général (**A**) et qu'elles ne conduisent à rendre le débiteur indigent (**B**).

A- La protection de l'intérêt général

160. Certains débiteurs ne peuvent faire l'objet de mesure d'exécution forcée lorsqu'ils bénéficient exceptionnellement d'une interdiction de saisie qui peut être temporaire[308] ou permanente. Les interdictions permanentes correspondent aux immunités d'exécution qui sont liées à la personne[309]. L'intérêt général qui justifie une telle pratique peut s'apprécier aussi bien au niveau international (**1**) qu'au plan interne (**2**).

1. La protection de l'intérêt général au plan international

161. Dans l'ordre international, les États étrangers, leurs chefs et souverains, leurs agents diplomatiques et consulaires, de même que les organisations internationales bénéficient de l'immunité d'exécution[310]. Celle-ci trouve sa source dans les règles du droit international et se justifie par le respect de la souveraineté étrangère ainsi que la sauvegarde des biens indispensables à l'exercice des activités de puissance publique ou régaliennes des États[311]. Une mesure d'exécution peut évidemment porter atteinte à l'indépendance et à la

[308] Notamment en ce qui concerne les débiteurs faisant l'objet d'une procédure collective.

[309] KOLONGELE EBERANDE (D.-C.), « L'immunité d'exécution, obstacle à l'exécution forcée en droit OHADA contre les entreprises et personnes publiques ? », *RJP* n° 2, 2014, p. 149.

[310] SOH (M.), « Insaisissabilités et immunités d'exécution dans la législation OHADA ou le passe-droit de ne pas payer ses dettes », ohada.com/ohadata D-08-27.

[311] KOLONGELE EBERANDE (D.-C.), « L'immunité d'exécution, obstacle à l'exécution forcée en droit OHADA contre les entreprises et personnes publiques ? », préc., p. 150.

souveraineté étrangère de l'État débiteur[312]. L'immunité d'exécution apparaît donc comme une prérogative à caractère personnel et général couvrant dès lors l'ensemble des biens du bénéficiaire qui se trouvent ainsi insaisissables[313].

162. La prérogative annoncée ne joue toutefois que pour les dettes contractées par un État dans le cadre de l'exercice de sa souveraineté et non pour celles contractées dans l'exercice d'une activité purement privée[314]. En effet, l'exercice de plus en plus croissant par les États des activités privées, qu'elles soient civiles, industrielles ou commerciales, distinctes de leurs prérogatives de puissance publique et à l'occasion desquels ils peuvent devenir débiteurs, a conduit à une contestation progressive de l'immunité d'exécution dans de telles hypothèses[315], de sorte que la jurisprudence a dû intervenir pour en limiter la portée[316].

L'immunité ne couvre pas non plus les dettes de l'État résultant d'une condamnation au titre des salaires dus à un employé qui participait à l'activité de représentation ou délégation[317]. L'immunité ne joue pas davantage si le bénéficiaire y a renoncé. La renonciation doit revêtir ici un caractère express, c'est-à-dire être formellement exprimée par le bénéficiaire. C'est dire en réalité qu'elle ne se présume

---

312 SOH (M.), « Insaisissabilités et immunités d'exécution dans la législation OHADA ou le passe-droit de ne pas payer ses dettes », préc., p. 8.

313 SAWADOGO FILIGA (M.), « La question de la saisissabilité ou de l'insaisissabilité des biens des entreprises publiques en droit OHADA », ohada.com/ ohadata D-07-16, p. 8.

314 *Ibidem.*

315 KOLONGELE EBERANDE (D.-C.), « L'immunité d'exécution, obstacle à l'exécution forcée en droit OHADA contre les entreprises et personnes publiques ? », préc., p. 150.

316 Cass. Req., 19 fév. 1929, *DP* 1929.1.172 note Savatier.

317 CA-Paris, 8e ch. 5 nov. 2002, État du Koweït c/ Mlle Farah, cité par SAWADOGO FILIGA (M.), « La question de la saisissabilité ou de l'insaisissabilité des biens des entreprises publiques en droit OHADA », ohada.com/ ohadata D-07-16, p. 8.

pas[318]. Il est toutefois fait exception à cette règle en matière d'arbitrage, précisément lorsque la dette résulte d'un contrat contenant une clause compromissoire et auquel est partie l'État débiteur[319]. En outre, les nécessités liées à la protection des droits fondamentaux de l'Homme peuvent également s'affirmer comme des facteurs limitatifs de l'immunité d'exécution en droit international. À cet effet, il a été décidé qu'une organisation internationale ne peut se prévaloir de son immunité dans un litige l'opposant à un salarié que si, à l'époque des faits, elle avait institué en son sein, des procédures de règlement des litiges faisant intervenir un organe indépendant et respectueux du principe du contradictoire[320].

163. Les biens corporels ou incorporels des acteurs publics des relations internationales sont donc exclus du champ des mesures d'exécution exclusivement en ce qui concerne le recouvrement des dettes contractées dans l'exercice des missions de souveraineté. La relativité de cette prérogative au plan international rompt avec l'absolutisme de celle consacrée en droit interne.

2. La protection de l'intérêt général en droit interne

164. En droit interne, l'intérêt général tel que perçu par le législateur OHADA revêt une double dimension. Elle s'apparente d'une part à l'intérêt du service public et d'autre part à celui du commerce[321]. Selon qu'il s'agit de l'un ou de

---

[318] KOLONGELE EBERANDE (D.-C.), « L'immunité d'exécution, obstacle à l'exécution forcée en droit OHADA contre les entreprises et personnes publiques ? », préc., p. 150.

[319] KENFACK DOUAJNI (G.), « L'exécution forcée contre les personnes morales de droit public dans l'espace OHADA », *RCA*, juill.-sept. 2002, p. 13.

[320] Cass. civ. 1re, 14 oct. 2009, n° 08-14978.

[321] KUATE TAMEGHE (S. S.), « Le mystère des articles 50 al 1 et 51 de l'acte uniforme portant organisation des procédures simplifiées de recouvrement et des voies d'exécution », Afrilex n° 5, www.afrilex.u-bordeau4.fr, p. 185.

l'autre de ces intérêts, le recours est fait soit à la technique de l'immunité d'exécution, soit simplement à celle de l'insaisissabilité.

165. Parlant de l'immunité d'exécution, il est aujourd'hui fermement admis dans l'ordre interne des États de l'OHADA que les personnes morales de droit public sont bénéficiaires de l'immunité d'exécution, laquelle prend appui sur les principes généraux du droit public[322].

Des justifications diverses peuvent expliquer une telle prérogative. D'abord, on pourrait y voir le souci d'éviter que l'État souverain ne se retrouve dans l'impossibilité d'accomplir ses missions de service public du fait de la saisie de ses biens[323]. Il semble également pertinent de penser qu'elle se fonde sur les règles de la comptabilité publique qui s'opposeraient à un paiement par voie de saisie, au fait que l'État est en principe solvable, et surtout en raison du principe de la continuité du service public[324]. On peut également penser que les voies d'exécution conduisant en dernier recours à l'usage de la contrainte publique, on voit mal comment un tel moyen pourrait être utilisé contre l'administration qui dispose d'ailleurs du monopole en la matière[325].

166. Contrairement l'immunité consacrée en droit international, celle qui s'attache aux organismes publics en

---

[322] KOLONGELE EBERANDE (D.-C.), « L'immunité d'exécution, obstacle à l'exécution forcée en droit OHADA contre les entreprises et personnes publiques ? », préc., p. 162.

[323] KENFACK DOUAJNI (G.) « Propos sur l'immunité d'exécution et les émanations des États », *RCA* n° 30, Juil.- sept. 2005, p. 3.

[324] ASSI-ESSO (A.-M.) et NDIAW (D.), *OHADA : Recouvrement des créances*, Bruylant, Bruxelles, coll. Droit uniforme africain, 2002.

[325] LOÏC (P.), *Finances publiques*, Cujas, 3e éd., 1989, cité par SAWADOGO FILIGA (M.), « La question de la saisissabilité ou de l'insaisissabilité des biens des entreprises publiques en droit OHADA », préc., p. 10.

droit interne présente un caractère absolu en ce sens qu'elle joue pour toutes les saisies, sans tenir compte ni de la nature du bien à saisir, ni de l'affectation qui est la sienne. Un tel absolutisme de la règle semble porteur de véritables injustices dans la mesure où elle laisse les créanciers impuissants face à une administration omnipotente qui peut ainsi en toute impunité, tarder ou s'abstenir de payer ses dettes[326]. Le législateur a certes prévu une atténuation à la rigueur de ce principe en admettant la possibilité de compensation avec les créances réciproques dont les créanciers pourraient être débiteurs vis-à-vis de la personne publique concernée[327]. Celle-ci demeure cependant de portée limitée[328].

167. À côté de l'intérêt du service public, celui du commerce fait également l'objet d'une protection effective par le législateur OHADA. À cet effet, ce dernier recourt non plus à la technique de l'immunité d'exécution, mais plutôt à celle de l'insaisissabilité. Si la première est personnelle et s'attache à tous les biens de son bénéficiaire, la seconde quant à elle arbore une nature réelle et s'attache uniquement à certains biens particuliers de celui-ci[329]. Ainsi, en matière commerciale, sauf cas de perte ou de faillite du porteur, aucune opposition ne peut être recevable contre le porteur

---

[326] KOLONGELE EBERANDE (D.-C.), « L'immunité d'exécution, obstacle à l'exécution forcée en droit OHADA contre les entreprises et personnes publiques ? », préc., p. 162.

[327] Art. 30 al. 2 de l'AUPSRVE.

[328] En réalité, l'objet et le domaine de cette compensation demeurent imprécis, de même que la forme de la reconnaissance de dette de la part de la personne morale, v. dans ce sens ASSONTSA (A.) et ZEUMO NGUENANG (M.), « Pédalage ou rétropédalage du législateur africain… Notes sans rigueur aucune autour de la compensation en droit OHADA de l'exécution forcée », préc., ; ONANA ETOUNDI (F.), « L'immunité d'exécution des personnes morales de droit public et ses applications jurisprudentielles en droit OHADA », ohada.com/ohadata D-13-55, p. 3.

[329] SAWADOGO FILIGA (M.), « La question de la saisissabilité ou de l'insaisissabilité des biens des entreprises publiques en droit OHADA », préc., p. 6.

d'un effet de commerce qui souhaite en obtenir le paiement. Toute saisie est donc irrecevable en la matière, en vertu du principe de la libre circulation des effets de commerce dont l'objectif est la facilitation du crédit[330]. La règle trouve à s'appliquer aussi bien lorsque la saisie est poursuivie entre les mains des tiers que lorsqu'elle se fait chez le débiteur lui-même[331].

168. Comme il est loisible de le constater, les mesures d'exécution se trouvent limitées expressément par le législateur OHADA en vue d'assurer la protection de l'intérêt général. Dans une certaine mesure, la protection de l'intérêt du débiteur saisi peut conduire à un résultat identique.

B- La protection du crédit du débiteur

169. Dans la logique de l'humanisation des procédures d'exécution forcée, il est fait obligation au créancier saisissant et, partant, à l'huissier chargé de l'exécution, de laisser à la disposition du débiteur saisi, un minimum de biens devant lui permettre sinon de se réhabiliter, du moins de continuer à vivre après la mise de ses biens sous-main de justice[332]. La plupart de ces biens ont une nature incorporelle. Des insaisissabilités sont dès lors édictées en vue de la protection soit des besoins vitaux personnels du débiteur saisi (**1**), soit de ceux à caractères professionnels (**2**).

1. La protection des besoins vitaux personnels du débiteur

170. Le droit camerounais prévoit en vue de la protection des besoins vitaux personnels du débiteur, des insaisissabilités qui s'attachent principalement aux biens

---

330 KUATE TAMEGHE (S. S.), « Le mystère des articles 50 al. 1 et 51 de l'Acte uniforme portant organisation des procédures simplifiées de recouvrement et des voies d'exécution », préc., p. 185.

331 *Ibidem.*

332 *Ibidem.*

ayant un caractère alimentaire pour celui-ci. Il a en effet été de tout temps admis que le droit d'agir des créanciers sur le patrimoine tout entier du débiteur ne peut être appliqué dans toute sa rigueur lorsque son résultat entraînerait des conséquences inhumaines, car il ne faut pas qu'un créancier puisse ôter à son débiteur ce qui lui est nécessaire pour vivre[333]. Les insaisissabilités qui participent de cet objectif portent tant sur les biens corporels qu'incorporel du débiteur.

171. Au titre des biens incorporels insaisissables parce qu'indispensables à la survie du débiteur, on peut relever notamment les provisions d'aliments adjugés en justice et les créances alimentaires en général[334]. Également, une protection particulière est accordée au salaire par le législateur OHADA qui édicte en la matière, une insaisissabilité partielle dont la détermination de l'étendue est laissée à la diligence des législations nationales des États parties[335]. L'objectif est ici d'éviter une appréhension anarchique du salaire par les créanciers, celui-ci constituant parfois le seul moyen de subsistance des milliers de travailleurs et de leurs familles[336]. Il convient de préciser que la protection ne vise pas uniquement les personnes qui

---

[333] LAMORIL (G.), « L'insaisissabilité des biens au regard des droits fondamentaux à l'exemple du droit Français », *RTD h.* n° 66, 2006, p. 362.

[334] Art 316 du CPCC. Il en va ainsi par exemple des rentes dues à un conjoint à la suite d'un divorce, des allocations d'anciens déportés versées à un soldat, ou des indemnités accordés en réparation d'un préjudice corporel résultant d'un accident de circulation ou de travail, etc ; voir dans ce sens, KUATE TAMEGHE (S. S.), « Le mystère des articles 50 al 1 et 51 de l'acte uniforme portant organisation des procédures simplifiées de recouvrement et des voies d'exécution », préc., p. 187.

[335] Art. 177 al. 1er de l'AUPSRVE : « *Les rémunérations ne peuvent être cédées ou saisies que dans les proportions déterminées par chaque État partie* ».

[336] KUATE TAMEGHE (S. S.), « Le mystère des articles 50 al 1er et 51 de l'acte uniforme portant organisation des procédures simplifiées de recouvrement et des voies d'exécution », préc., p. 187.

auraient formellement conclu un contrat de travail avec l'employeur, mais tout individu ayant fourni ses services sous la dépendance économique d'un tiers[337].

Au Cameroun, les quotités saisissables du salaire sont déterminées par voie règlementaire[338] et s'organisent comme suit : un dixième de la portion inférieure à 18 750 francs par mois, un cinquième sur la fraction supérieure à 18 750 francs et inférieure ou égale à 37 500 francs par mois, un quart sur la portion supérieure à 37 500 francs et inférieure ou égale à 75 000 francs par mois, un tiers de la portion supérieure à 75 000 francs et inférieure ou égale à 112 500 francs par mois, la moitié de la portion supérieure à 112 500 francs et inférieure ou égale à 142 500 par mois, la totalité de la portion supérieure à 142 500 francs[339].

172. L'insaisissabilité ainsi édictée vaut aussi bien lorsque les sommes dues au débiteur à titre de salaire sont encore détenues par l'employeur que lorsque celui-ci s'en est déchargé au profit d'une banque, d'un centre de chèques postaux ou d'un établissement de crédit, car les créances insaisissables dont le montant est versé dans un compte demeurent insaisissables[340].

173. Il convient toutefois de relever qu'à certains égards, l'interdiction de saisir le salaire dans les proportions déterminées par le législateur revêt une portée relative dans la mesure où elle ne s'impose pas aux créanciers d'aliments[341].

---

[337] TALE TIOGKENG (E. P.), *La saisie des biens du débiteur marié*, thèse de Master, Université de Dschang, 2011, p. 33.

[338] Il s'agit du décret n° 94/197/PM du 9 mai 1994 relatif aux retenus sur salaire.

[339] Art. 2 al. 1er du décret préc.

[340] Art. 52 de l'AUPSRVE.

[341] Art. 2 al. 3 du décret camerounais du 9 mai 1994 précité : « *En matière de dette(s) alimentaire(s), conformément à la législation en vigueur* [...], *le mensuel courant de la pension alimentaire est, à chaque échéance, prélevé intégralement sur la fraction insaisissable du salaire* ». Telle

De même, l'insaisissabilité ne joue pas pour le remboursement des acomptes et concours partiels obtenus auprès de l'employeur avant l'échéance du salaire[342].

Les hypothèses d'insaisissabilités ont été édictées pour assurer au débiteur un minimum de survie. C'est assurément le même objectif qui est poursuivi par le législateur lorsqu'il étend la protection à la sphère professionnelle.

2. La protection des besoins vitaux professionnels du débiteur

174. En tant que composante effective du patrimoine, les biens à caractère professionnel du débiteur devraient normalement faire partie du gage général des créanciers. Seulement, ceux-ci correspondent à un besoin vital pour le débiteur en ce sens qu'ils lui permettent d'exercer son activité qui le nourrit ainsi que sa famille. Ils s'affirment donc de ce point de vue comme ayant un caractère alimentaire et sont dès lors de façon cohérente, frappés d'insaisissabilité[343]. Cette mesure de protection est d'autant plus pertinente que l'activité professionnelle obéit également à un besoin d'intérêt général dans la mesure où elle participe à l'essor économique d'un pays. Si la mesure semble contrarier dans l'immédiat les intérêts des créanciers, il n'en demeure pas

---

qu'elle se présente, cette disposition donne la possibilité au créancier d'aliment de saisir la totalité de la portion insaisissable du salaire. Cette situation a été qualifiée d'inhumaine et l'avancée française en la matière qui consiste dans la distinction entre une fraction relativement insaisissable pouvant permettre le désintéressement du créancier d'aliment et une autre absolument insaisissable dont le débiteur ne pourra dans les tous les cas être dépouillé, s'affirme comme la voie que devrait suivre législateur OHADA. V. en en ce sens ASSONTSA (R.), obs. sous CA-Centre, ord. n° 358/ORD du 02 août 2013, aff. Bob Oyono née Nyanit Tabita Dorcas c/ Sieur Bob Oyono Jean Marie, *Juridis Périodique* n° 103, p. 70 et s.,

[342] Art. 68 al. 1er du Code du travail camerounais.

[343] LAMORIL (G.), « L'insaisissabilité des biens au regard des droits fondamentaux à l'exemple du droit Français », préc., p. 374.

moins que la poursuite des activités du débiteur est susceptible de les satisfaire à plus ou moins long terme, contrairement à la cessation de celle-ci[344].

175. Toutefois, l'insaisissabilité ne s'attache pas en réalité à tous les biens à caractère professionnel du débiteur. Seuls ceux qui s'affirment comme indispensables à la continuité de l'activité en question échappent à l'exécution forcée[345]. La mesure s'applique pour une grande part sur les biens corporels et ne bénéficie en principe qu'aux personnes physiques à l'exclusion des personnes morales[346]. Toutefois, l'on peut relever de façon exceptionnelle des insaisissabilités portant sur les biens immatériels à caractère professionnel du débiteur et bénéficiant même dans certains cas aux personnes morales.

On peut ainsi faire référence aux comptes professionnels affectés spécialement à cette fin et enregistrant les sommes reçues pour le compte des clients. Il en est ainsi notamment du compte client[347]. De même, dans l'optique de garantir la solvabilité des établissements de crédit et la crédibilité du secteur bancaire, les comptes et actifs financiers des établissements de crédit logés à la banque des États de l'Afrique centrale (BEAC) sont insaisissables[348].

176. Si la protection des intérêts censés être légitimes a justifié la consécration des insaisissabilités en droit OHADA, il en a été de même en ce qui concerne les biens qui présentent un lien très poussé avec la personne du débiteur.

---

[344] *Ibidem.*

[345] CA-Lyon, 16 oct. 1968, *D.*, 1969, jurisp., p. 549, note PREVAULT (J.).

[346] TGI-Lyon, 14 juin 1994, *D.S.* 1995.208, obs. PREVAULT (J.).

[347] POUGOUÉ (P.-G.) et TEPPI KOLLOKO (F.), *La saisie attribution des créances OHADA*, *op.cit.*, p. 51.

[348] Art 1er du règlement n° 5/CEMAC/UMAC/CM portant insaisissabilité des comptes et actifs financiers des établissements de crédit logés à la BEAC.

Paragraphe II : L'insaisissabilité consacrée en raison de l'extrême attachement du bien à la personne du débiteur

177. Il devient de plus en plus malaisé de distinguer clairement la personne de son patrimoine[349], car à la lisière de la patrimonialité et de l'extra-patrimonialité, émergent de nouveaux biens construits autour de la personne[350]. Ces biens échappent aux mesures d'exécution forcée, en raison du lien étroit qu'ils entretiennent avec la personne de leurs titulaires. Ainsi, l'insaisissabilité peut se justifier soit parce que le bien participe de l'intégrité de la personne (**A**), soit parce que même se distinguant de cette dernière, celui-ci demeure fortement influencé par elle (**B**).

A- L'attachement du bien à l'intégrité de la personne

178. Le bien peut échapper aux mesures d'exécution forcée en raison de sa participation soit à l'intégrité physique de la personne (**1**), soit à son intégrité morale (**2**).

1. L'intégrité physique de la personne

179. L'intégrité physique fait référence au corps humain et à la protection qui doit lui être accordée. Certains biens, malgré l'affirmation, certaine de leur valeur pécuniaire, demeurent en dehors du champ des voies d'exécution parce qu'il serait difficile, voire impossible d'y pratiquer une mesure d'exécution forcée sans porter atteinte à l'intégrité physique du débiteur.

180. L'exemple le plus emblématique en la matière est la force de travail. Celle-ci implique fortement l'individu et est consubstantielle à la personne. Elle prend toutefois une coloration patrimoniale du fait de ses potentialités,

---

[349] LAMORIL (G.), « L'insaisissabilité des biens au regard des droits fondamentaux à l'exemple du droit Français », préc., p. 379.
[350] SÉRIAUX (A.), « La notion juridique de patrimoine », *RTD Civ.*, 1994, p. 1.

notamment sa capacité à entrer dans le commerce[351]. À cet effet, *la liberté du travail autorise la négociation de la force de travail : puisque chacun peut exercer tel un négoce, art ou profession qu'il jugera bon, l'activité humaine se trouve nécessairement dans le commerce juridique*[352]. Dans une telle hypothèse, l'être même de la personne est mis au service d'un tiers contre un prix. La patrimonialisation de la force de travail revêt cependant une nature particulière en ce sens que celui qui la met au service d'autrui ne s'aliène pas totalement et peut y mettre fin au nom de la liberté individuelle qui interdit tout engagement perpétuel[353]. C'est ce lien indéfectible avec la personne qui justifie que la force de travail ne puisse intégrer le gage général des créanciers. L'argument est d'autant plus pertinent que tout travail forcé est prohibé en raison du respect des droits fondamentaux de l'Homme, notamment celui de l'intégrité physique de la personne[354].

181. La consubstantialité de la force de travail à la personne s'oppose donc à ce qu'elle soit soumise à une mesure d'exécution forcée. L'admission de cette mesure aurait pour conséquence de retourner à l'Ancien droit où la personne du débiteur était saisie pour le règlement de ses dettes. Aujourd'hui comme hier, il en résulterait une atteinte non seulement à l'intégrité ou la liberté physique du débiteur, mais également son intégrité morale en prendrait un sérieux coup.

---

[351] LAMORIL (G.), « L'insaisissabilité des biens au regard des droits fondamentaux à l'exemple du droit français », préc., p. 379.

[352] REVET (T.), « La liberté du travail », *in* CABRILLAC (R.), FRISON-ROCHE (A.-M.) et REVET (T.) (dir.), *Droits et libertés fondamentaux*, 2e éd., Dalloz, Paris, 1999, p. 427.

[353] LAMORIL (G.), « L'insaisissabilité des biens au regard des droits fondamentaux à l'exemple du droit Français », préc., p. 390.

[354] *Ibidem.*

2. L'intégrité morale de la personne

182. Contrairement à l'intégrité physique, l'intégrité morale se réfère aux autres éléments qui fondent la personne humaine, hormis ceux qui constituent matériellement le corps humain. Ces éléments participent de l'essence même de la personne humaine. Le droit a pendant longtemps considéré le corps et l'âme comme un tout indivisible constitutif de la personne[355]. Seulement, l'évolution des technologies et les mutations sociales qui l'ont suivies infléchissent aujourd'hui la donne[356]. Ainsi, le corps et ses éléments dissociés tendent à s'abaisser au rang de simples choses[357], et la patrimonialité infiltre irréversiblement les droits extrapatrimoniaux[358].

Dès lors, les droits orientés vers le respect de la personne humaine dans son aspect moral s'insèrent de plus en plus dans le commerce juridique, car désormais, celle-ci se commercialise et même s'américanise[359]. À cet effet, les biens tels que l'image, le nom, la voix, ou même le savoir-faire, sont aujourd'hui couramment monnayés.

183. L'exemple du droit à l'image est assez révélateur de cette situation. Malgré son attachement aux droits de la personnalité, l'image peut faire l'objet d'une exploitation commerciale[360]. Ainsi, dès lors que le droit à l'image revêt les caractéristiques essentielles des attributs d'ordre

---

355 *Ibidem.*

356 BYK (C.), « Progrès scientifiques et droits de l'Homme : la rupture ? », *RTD h.,* 2003, p. 363.

357 LABBEE (X.), note sous CA-Douai, 14 oct. 1983, *JCP*, 1985, éd. G. II, 20365.

358 DREYFUSS BECHMANN (L.), *La patrimonialité des droits extrapatrimoniaux*, thèse de doctorat, Université Robert Schuman (Strasbourg), 2002.

359 JOSSERAND (D. H.), 1932, p. 1, cité par LAMORIL (G.), « L'insaisissabilité des biens au regard des droits fondamentaux à l'exemple du droit Français », préc., p. 383.

360 LÉGER (J.-M.), *L'essentiel du droit à l'image*, Flp avocat, Paris, 2012, p. 14.

patrimonial, il peut valablement donner lieu à l'établissement des contrats soumis au régime général des obligations[361]. Toutefois, l'attachement de l'image à la personnalité de l'individu empêche qu'elle soit cédée au même titre qu'un bien quelconque. En réalité, les prérogatives juridiques de son *propriétaire* n'incluent pas l'abusus qui l'autoriserait à renoncer définitivement à tous droits sur son image, bien qu'il ne lui soit pas interdit d'en altérer la substance ou même de la détruire[362].

184. La distinction doit en effet être faite entre le droit à l'image et l'image en elle-même, celle-ci s'identifiant au support du droit et ne pouvant par nature être détachée de celui auquel elle se rattache. Le premier quant à lui ne confère au titulaire qu'un droit d'usufruit sur sa propre image qu'il peut céder sous forme de monopole d'exploitation[363]. La manifestation patrimoniale de l'image s'affirme donc l'occasion soit de la réparation d'un préjudice résultant de l'atteinte au droit à l'image[364], soit de la cession du monopole d'exploitation de celle-ci. De la sorte, le titulaire ne peut en être dépouillé contre sa volonté eu égard à son attachement indéfectible à la personne du titulaire[365].

185. L'insaisissabilité qui découle de toutes ces hypothèses se justifie par l'attachement du bien à l'intégrité physique ou morale de la personne. Il est cependant des cas

---

361 CA-Versailles, 22 sept. 2005, *Juris Data* n° 288693.

362 LÉGER (J.-M.), *L'essentiel du droit à l'image*, *op.cit.*, p. 14.

363 *Ibidem*.

364 V. TGI-Yaoundé, jug. n° 61 du 11 mai 1976, aff. YOMBA Madeleine c/ Les Brasseries du Cameroun, *in Les grandes décisions de la jurisprudence civile du Cameroun*, LERDA, Coll. Les Grandes Décisions, Bamenda, 2008, p. 26 et s., obs. F. ANOUKAHA ; CA-Littoral, arrêt n° 049/C du 19 mars 2010, aff. La Sté Océan Central Africa SA C/ Dame MFOPA MAMA née NTOUO SABIATOU, *Juridis Périodique* n° 86, avr.-mai-juin 2011, p. 71 et s., obs. ASSONTSA (R.).

365 LAMORIL (G.), « L'insaisissabilité des biens au regard des droits fondamentaux à l'exemple du droit français », préc., p. 383.

où, même séparé de la personne, le bien s'affirme néanmoins comme insaisissable en raison de l'importance de la considération personnelle qui le caractérise.

B- L'intensité de *l'intuitu personae* sur le bien

186. Certains biens patrimoniaux, pour cessibles ou saisissables qu'ils sont en eux-mêmes, échappent tout de même aux effets de la pleine patrimonialité dès lors que leur destination est précisément de rester entre les mains de leur propriétaire[366]. Il peut en être ainsi lorsque les biens font l'objet d'une attribution exclusive au profit de celui-ci (**1**), ou parce que leur existence est tributaire de ses qualités personnelles (**2**).

1. L'attribution exclusive du bien au titulaire

187. Les créanciers ne peuvent parfois mettre en œuvre les procédures d'exécution forcée sur certains biens incorporels du débiteur parce que ceux-ci lui sont attribués de façon exclusive soit par la voie conventionnelle, soit par l'effet de la loi.

188. Conventionnellement, il est admis que certains biens soient écartés de l'exécution forcée par la volonté de l'Homme[367]. Ces cas se rencontrent plus fréquemment dans le droit des régimes matrimoniaux ou dans celui des successions et libéralités. Dans cette logique, l'on fait référence aux biens donnés à l'occasion d'un mariage par un familier ou l'un des conjoints et à ceux transmis par voie testamentaire par une personne décédée[368]. Dans tous les cas, la libéralité est assortie d'une interdiction d'aliéner prescrite expressément

---

[366] *Ibid*, p. 386.
[367] KUATE TAMEGHE (S. S.), « Le mystère des articles 50 al. 1er et 51 de l'acte uniforme portant organisation des procédures simplifiées de recouvrement et des voies d'exécution », préc., p. 196.
[368] TALE TIOGKENG (E. P.), *La saisie des biens du débiteur marié*, préc., p. 36.

par le donateur dans le but évident de protéger le donataire ou sa famille[369]. L'inaliénabilité du bien qui en découle entraîne automatiquement son insaisissabilité[370].

Toutefois, pour que la clause d'inaliénabilité puisse profiter au bénéficiaire, des conditions doivent être réunies. Dans cette logique, il faut que celle-ci soit encore en vigueur au moment où la saisie est initiée[371], qu'elle porte sur les biens dont le disposant avait la libre disposition[372], qu'elle soit temporaire[373] et justifiée par un intérêt sérieux et légitime[374]. L'insaisissabilité qu'elle entraîne n'est toutefois pas absolue en ce sens qu'elle ne s'impose pas totalement aux créanciers dont la créance est antérieure à l'acte de donation, ceux-ci pouvant pratiquer des mesures d'exécution sur ces biens en vertu d'une autorisation du juge et ce, pour la portion que ce dernier déterminera[375].

189. Légalement, il est des cas où le législateur attribue expressément et exclusivement l'usage de certains biens à des personnes particulières, de sorte qu'ils ne peuvent être cédés ou saisis. Dans cette catégorie, on peut notamment relever le cas de l'usufruit légal des pères et mères sur les biens de leurs enfants[376], ainsi que ceux du droit d'usage[377] et d'habitation[378].

---

[369] *Ibidem.*

[370] Art. 315, al. 3, du CPCC.

[371] Civ. 2e, février 2000, *D.* 2000, I.R., 74.

[372] *Ibidem.*

[373] KUATE TAMEGHE (S. S.), « Le mystère des articles 50 al. 1 et 51 de l'Acte uniforme portant organisation des procédures simplifiées de recouvrement et des voies d'exécution », préc., p. 197.

[374] Cet intérêt peut être entendu comme un intérêt nécessaire et utile, dans un contexte familial et notamment, pour garantir la conservation et la jouissance d'un droit d'usufruit au sein de la famille, plutôt que par des tiers.

[375] Art. 316 du CPCC.

[376] KUATE TAMEGHE (S. S.), « Le mystère des articles 50 al. 1 et 51 de l'Acte uniforme portant organisation des procédures simplifiées de recouvrement et des voies d'exécution », préc., p. 198.

En dehors des cas d'insaisissabilité pour cause d'attribution exclusive au titulaire, on peut également constater le recul de l'exécution forcée dans les cas où l'existence et l'exploitation des biens dépendent exclusivement des qualités personnelles du débiteur.

2. La subordination de l'existence du bien aux qualités personnelles du titulaire

190. Les aptitudes personnelles d'un individu peuvent parfois revêtir une valeur patrimoniale effective dans la mesure où elles donnent naissance à une typologie particulière de biens dont l'exploitation en est essentiellement tributaire. Ces biens échappent aux mesures d'exécution forcée parce qu'elles perdraient automatiquement leurs valeurs si elles étaient séparées de leurs propriétaires.

À cet effet et spécialement en ce qui concerne le droit des sociétés, il est admis que les parts sociales représentant les apports réalisés en industrie sont incessibles, et partant, insaisissables[379]. Il s'agit des apports constitués en général par le travail ou l'activité que l'apporteur effectue ou promet d'effectuer, faisant ainsi bénéficier à la société de sa notoriété ou de son savoir-faire[380]. La valeur pécuniaire des apports en industrie est incontestable[381], mais la nature particulière de leur patrimonialisation qui passe nécessairement par le travail personnel de l'apporteur empêche qu'ils puissent être saisis par les mesures d'exécution forcée. Les parts qui les

---

[377] Art. 631 du Code civil.

[378] Art. 634 du Code civil.

[379] Art. 50-4 de l'AUDSCGIE.

[380] BIKECK MBANG (A.), « La saisie des droits d'associés et des valeurs mobilières de la législation OHADA : une reforme inadaptée au droit des sociétés commerciales », préc., p. 16.

[381] En matière commerciale notamment, l'apporteur en industrie bénéficie des parts sociales dont la valeur totale ne peut excéder vingt-cinq pour cent des bénéfices, de l'actif net et des pertes de la société. Voir art. 50-3 de l'AUDSCGIE.

rémunèrent sont annulées lorsque l'apporteur perd sa qualité d'associé pour quelque raison que ce soit.

191. L'attention peut aussi être portée sur un bien tout aussi doté d'une particularité certaine. Il s'agit de la clientèle civile. Il semble certes étrange d'envisager la clientèle comme un bien, dans la mesure où le terme désigne *a priori un peuple d'hommes et de femmes*[382]. Seulement, le terme clientèle peut également désigner les éléments attractifs de celle-ci[383] de sorte qu'elle puisse faire l'objet d'appropriation individuelle. Cette dernière conception s'avère être la seule envisageable et celle la plus retenue par la doctrine lorsqu'on veut considérer la clientèle du point de vue de son intégration patrimoniale[384]. Si la cession de ces éléments se fait en matière commerciale dans le cadre de la cession du fonds de commerce, la situation s'avère un peu plus complexe en ce qui concerne la clientèle civile. Celle-ci est en effet représentée par un élément attractif personnel résidant dans la confiance que les clients placent dans les qualités morales et techniques du professionnel libéral[385]. Même si cet élément attractif ne peut pas à proprement parler, faire l'objet d'une cession, sa patrimonialisation est en pratique assurée par la mise en œuvre d'une technique particulière identifiée sous l'expression *droit de présentation*. Il s'agit en réalité de la

---

[382] Il s'agit là d'une formule du doyen SAVATIER (R.) reprise par SERA (Y.), « L'opération de cession de clientèle civile après l'arrêt du 7 novembre 2000 : dorénavant on fera comme d'habitude », *D.* n° 28, 2001, p. 2295.

[383] SERA (Y.), « L'opération de cession de clientèle civile après l'arrêt du 7 novembre 2000 : dorénavant on fera comme d'habitude », *D.* n° 28, 2001, p. 2295.

[384] ZENATI (F.), *RTDciv.*, 1991, p. 560, cité par SERA (Y.), « L'opération de cession de clientèle civile après l'arrêt du 7 novembre 2000 : dorénavant on fera comme d'habitude », préc., p. 2295.

[385] SERA (Y.), « L'opération de cession de clientèle civile après l'arrêt du 7 novembre 2000 : dorénavant on fera comme d'habitude », préc., p. 2295.

possibilité pour un professionnel libéral de monnayer différents engagements pris envers un confrère de le présenter à sa clientèle et de ne pas le concurrencer[386]. C'est donc par le biais du droit de présentation que la patrimonialisation de la clientèle civile est réalisée. Dès lors, l'insaisissabilité de ce droit s'avère évidente eu égard à l'importance du rôle de la volonté du professionnel qui en est titulaire pour la réalisation de l'extériorisation d'un tel bien.

192. On peut certainement comprendre que le législateur ait expressément organisé des insaisissabilités pour la protection des intérêts qui lui semblent légitimes, ou que les mesures d'exécution forcée ne puissent se poursuivre contre les biens particulièrement attachés à la personne. Toutefois, on comprendra moins qu'il puisse exister en pratique, des biens qui, bien que bénéficiant d'une valeur patrimoniale affirmée, n'ayant en réalité aucun rapport avec la personne de leur titulaire, et ne participant en rien aux intérêts que le législateur a voulu protéger, échappent aux voies d'exécution organisées par le droit de l'OHADA.

Section II : L'insaisissabilité factuelle de l'immatériel en droit OHADA

193.À l'analyse, le constat est véritablement flagrant de l'existence en droit OHADA d'un lot assez important de biens dont la valeur patrimoniale ne fait l'objet d'aucune contestation et auquel aucune des procédures de saisie organisées par le législateur ne correspond. L'exemple est celui des biens immatériels industriels et de ceux issus du domaine virtuel. Aux premiers, l'application envisagée des règles de la saisie des droits d'associés et des valeurs mobilières qui découle en réalité de son extension procédurale à ces biens demeure un leurre (**paragraphe I**).

[386] *Ibidem.*

La situation est cependant préférable à celle des seconds où on fait face à un vide juridique (**paragraphe II**).

Paragraphe I : L'applicabilité malaisée de la saisie des droits d'associés et des valeurs mobilières aux biens immatériels industriels

194. Les dispositions de l'AUS prévoient des hypothèses d'application des règles régissant la saisie conservatoire des droits d'associés et des valeurs mobilières aux droits de propriété intellectuelle[387] et au fonds de commerce[388]. Une telle prévision pourrait *a priori* laisser croire qu'il existe en droit OHADA, une saisie du fonds de commerce ou des droits de propriété intellectuelle régie par les dispositions de la saisie des droits d'associés et des valeurs mobilières. En réalité, il n'en est rien dans la mesure où l'extension procédurale prévue par le législateur dans ces hypothèses se fait dans le cadre de la mise en œuvre du nantissement judiciaire organisé par le droit des sûretés sur les biens immatériels industriels et dont les effets sont fondamentalement différents de ceux d'une véritable saisie[389]. Et même dans cette logique, l'applicabilité des règles de la saisie des droits d'associés et des valeurs mobilières aux biens immatériels industriels paraît illusoire en ce sens que la procédure semble s'accommoder exclusivement aux biens immatériels matérialisés par un titre (**A**) qui doit être détenu par un tiers (**B**).

---

[387] Art. 158 de l'AUS.

[388] Art. 164 de l'AUS.

[389] Le nantissement judicaire apporte au créancier un droit de préférence et de suite sur le bien nanti tout en laissant subsister la disponibilité de celui-ci, contrairement à la saisie dont l'effet principal est l'indisponibilité du bien saisi ; voir dans ce sens KERE KERE (G.), « Essai d'une présentation synthétique des mesures conservatoires d'après la nouveau droit des affaires OHADA », préc., p. 33.

A- Les difficultés quant à la matérialisation des biens immatériels industriels par un titre

195. Le titre peut s'identifier comme un écrit constatant un acte juridique[390]. D'après les dispositions régissant la saisie conservatoire des droits d'associés et des valeurs mobilières, la mise en œuvre de la procédure se fait soit auprès de la personne morale émettrice, soit auprès du mandataire chargé de gérer ou de conserver les titres[391]. Il en ressort que celle-ci ne peut se mettre en œuvre sur un bien, que pour autant que celui-ci soit constaté dans un titre. La difficulté tient dès lors à ce que le fonds de commerce n'est certainement pas matérialisé par un titre (**1**). Le même titre fait parfois défaut en ce qui concerne le droit d'auteur qui s'affirme comme l'une des manifestations les plus en vue des droits de propriété intellectuelle (**2**).

1. Le défaut de matérialisation du fonds de commerce par un titre

196. Le fonds de commerce s'entend en droit OHADA comme l'ensemble des moyens qui permettent au commerçant d'attirer et de conserver la clientèle[392]. De ce point de vue, il apparaît comme un ensemble de biens corporels et incorporels assujettis à une idée commune et dominante qu'est la clientèle, permettant d'exploiter utilement un commerce déterminé[393]. Cette définition contraste quelque peu avec la constitution effective du fonds de commerce qui comprend à côté de l'enseigne ou du nom commercial, une clientèle nécessairement[394].

---

[390] GUILLIEN (R.) et VINCENT (J.), *Lexique des termes juridiques*, 18e éd., *op.cit.,* p. 330.
[391] Ceci ressort de la combinaison des articles 85 et 236 de l'AUPSRVE.
[392] Art. 135 de l'AUDCG.
[393] FORIERS (P.) et JAFFERALY (R.), *La cession de fonds de commerce et autres opérations apparentées*, éd. Larcier, Bruxelles, 2005, p. 13.
[394] Art. 136 de l'AUDCG.

En tout état de cause, le fonds de commerce s'affirme juridiquement comme une universalité composée d'éléments divers, mais ayant une existence distincte de celle des éléments qui la composent[395]. L'existence du fonds de commerce nécessite simplement la réunion des éléments obligatoires prévue par le législateur[396] et ne se trouve dès lors matérialisée par aucun titre, celui-ci devant être entendu comme un écrit constatant l'existence d'un droit. À cet effet, le défaut de titre conduit à s'interroger sur l'applicabilité de la réglementation prévue pour la saisie conservatoire des droits d'associés et des valeurs mobilières à un tel bien. La difficulté surgit ici au regard des dispositions de l'article 236 de l'AUPSRVE qui prévoit le commencement de la procédure auprès de la personne morale émettrice du titre ou de celle chargée de sa conservation ou de sa gestion. L'on pourrait peut-être penser qu'en ce qui concerne le fonds de commerce, le titre pourrait être déduit de la formalité d'immatriculation exigée pour tous commerçants. Seulement, force est de constater qu'en réalité, l'immatriculation est personnelle en ce qu'elle suit la personne du commerçant et non le fonds de commerce en lui-même[397].

L'absence de matérialisation du fonds de commerce dans un titre quelconque est donc certaine. L'affirmation est d'autant plus pertinente que l'évolution contemporaine qui tend progressivement à la reconnaissance d'un fonds de commerce électronique semble véritablement amorcée[398], et l'immatérialité du bien s'avère dans cette logique encore plus

---

[395] FORIERS (P.) et JAFFERALY (R.), *La cession de fonds de commerce et autres opérations apparentées*, *op.cit.*, p. 13.

[396] Il s'agit de la clientèle et l'enseigne ou le nom commercial

[397] Voir à cet effet l'article 49 de l'AUDCG en ce qu'il affirme expressément le caractère personnel de l'immatriculation, tout en interdisant la possibilité pour un commerçant de s'immatriculer plusieurs fois.

[398] VERBIEST (T.) et LE BORNE (M.), « Le fonds de commerce virtuel : une réalité juridique ? », *JT* n° 6044, 23 fév. 2002, p. 146.

prononcée, confirmant l'idée de l'application difficultueuse des règles de la saisie conservatoire des droits d'associés et des valeurs mobilières à un tel bien. La remarque vaut également pour le droit d'auteur.

2. Le défaut de matérialisation du droit d'auteur par un titre

197. Contrairement aux régimes de la propriété industrielle, la propriété littéraire et artistique n'exige pour sa mise en œuvre l'accomplissement d'aucune formalité[399]. L'œuvre littéraire est protégée du seul fait de sa création, du moment qu'elle remplit les conditions d'originalité exigées par le législateur. À cet effet, l'article 4 de l'annexe VII de l'Accord de Bangui[400] dispose que l'auteur de toute œuvre originale de l'esprit, littéraire et artistique, jouit sur cette œuvre du seul fait de sa création, d'un droit de propriété incorporelle exclusif et opposable à tous. Ce droit comporte des attributs d'ordre moral ainsi que les attributs d'ordre patrimonial déterminés par le même texte.

198. Si l'on peut comprendre que les attributs d'ordre moral en raison de leur attachement à la personne de l'auteur ne puissent être appréhendés par le droit des voies d'exécution, le sentiment sera différent en ce qui concerne les attributs d'ordre patrimonial prévus par ce droit. Ceux-ci font en effet partie du gage général des créanciers et devraient à ce titre être saisissables par ces derniers en vue du recouvrement effectif de leurs créances. Toutefois, comme pour le cas du fonds de commerce, le droit d'auteur se trouve automatiquement protégé du seul fait de l'existence de l'œuvre originale et sans que l'auteur n'ait à accomplir une

---

[399] VIVANT (M.) (dir.), *Les créations immatérielles et le droit,* ellipses, Paris, 1997, p. 40.

[400] Il s'agit en réalité de l'accord portant révision de l'accord de Bangui du 2 mars 1977 instituant une Organisation Africaine de la Propriété Intellectuelle.

quelconque formalité. L'accomplissement d'un certain formalisme aurait éventuellement pu donner lieu à la délivrance d'un écrit servant de titre et constatant les droits de l'auteur sur son œuvre. Cependant, la réalité étant tout autre, le droit d'auteur ne se trouve matérialisé dans aucun titre et les règles régissant la saisie des droits d'associés et des valeurs mobilières s'en trouvent difficilement applicables aussi bien dans le cadre d'une saisie par ailleurs imprévue en droit OHADA, que celui effectivement consacré du nantissement judiciaire.

199. Au total, le titre faisant défaut dans la matérialisation du fonds de commerce ou du droit d'auteur, leur appréhension s'avère difficultueuse en l'état actuel du droit OHADA et la difficulté est encore plus accentuée en raison de l'absence de la participation d'un tiers dans leurs mécanismes d'exploitation.

B- Les difficultés quant à l'existence du tiers destinataire de l'acte de saisie

200. Il convient de rappeler que l'une des originalités de la procédure de saisie des droits d'associés et des valeurs mobilières réside dans le fait que le législateur communautaire ait déterminé de façon exhaustive, les personnes destinataires de l'acte de saisie en désignant expressément la personne morale émettrice du titre et le mandataire chargé de les conserver ou de les gérer. Cette énumération semble exclure le débiteur de la liste des personnes destinataires de l'acte de saisie et la difficulté se pose effectivement à ce niveau, dans la mesure où l'acte ne trouvera certainement pas de destinataire pour le cas de la procédure portant sur le fonds de commerce (**1**) et il en sera éventuellement de même en ce qui concerne le droit d'auteur (**2**).

1. L'absence certaine du tiers destinataire de l'acte de saisie du fonds de commerce

201. Les droits d'associés et les valeurs mobilières qui font l'objet principal de la saisie des droits d'associés et des valeurs mobilières présentent une particularité tenant à ce que leur valeur n'est pas à proprement parler détenue par leurs propriétaires. Selon que les titres sont nominatifs ou au porteur, la valeur du bien sera effectivement détenue soit par la personne morale émettrice, soit par le mandataire[401] chargé de les gérer. C'est donc en considération de ces circonstances que le législateur a désigné expressément ces personnes comme étant les seuls destinataires de l'acte.

Relativement au fonds de commerce, la difficulté réside dans le fait qu'il répond à un principe différent. En effet, celui-ci peut être exploité directement et personnellement par le commerçant, ou en exécution d'un contrat de location-gérance[402]. La valeur du bien est essentiellement tributaire de l'exploitation que le propriétaire ou le locataire gérant en fait et celle-ci, en l'absence de participation d'un tiers dans le mécanisme d'exploitation, est détenue par le propriétaire lui-même. Les dispositions régissant la saisie des droits d'associés et des valeurs mobilières ayant limitativement désigné les personnes destinataires de l'acte de saisie et ceux-ci devant nécessairement être des tiers, l'application de telles règles aux biens d'exploitation personnelle tel que le fonds de commerce semble illusoire dans la mesure où l'acte de saisie ne trouvera certainement aucun des tiers désignés par le législateur.

202. L'extension procédurale réalisée par le législateur OHADA aurait probablement mieux réussi si la

---

[401] En raison de la dématérialisation des titres, les titres au porteur sont désormais tenus par un intermédiaire bancaire chargé de les conserver ou les gérer.

[402] Art 138 de l'AUDCG.

réglementation en question admettait le débiteur comme destinataire de l'acte de saisie. La remarque vaut également dans une certaine mesure pour le droit d'auteur.

2. L'absence éventuelle du tiers destinataire de l'acte saisie des droits d'auteur

203. Le principe en ce qui concerne le droit d'auteur étant que l'auteur bénéficie d'une protection du seul fait de sa création, celui-ci dispose dès lors du droit de l'exploiter et de profiter des prérogatives attachées à son droit. Ainsi, à côté de celles relevant de l'aspect moral de ce droit et qui ne peut être cédé en raison de leur attachement à la personne de l'auteur, ce dernier peut mettre à profit les prérogatives à caractère patrimonial. À ce titre, il lui est reconnu la possibilité de passer sur ces droits, les actes d'administration et de disposition aussi variés que ceux généralement admis pour n'importe quel autre bien[403]. Dans cette logique, l'application des règles régissant la saisie conservatoire des droits d'associés et des valeurs mobilières au droit d'auteur pose, comme dans le cas du fonds de commerce, une véritable difficulté eu égard non seulement à l'absence de titre, mais aussi au défaut de mandataire chargé de conserver ou de gérer ce droit.

204. Mais la difficulté peut éventuellement être évacuée dans la mesure où il est permis aux titulaires de droits d'auteur de recourir à un système de gestion collective. En effet, l'exercice de certains droits intellectuels rend leur exploitation quasiment inefficace ou impossible par les titulaires mêmes de ceux-ci[404]. La technique consiste donc dans la pratique en l'attribution de l'exercice de ces droits à

---

[403] L'auteur peut à cet effet le céder, le nantir, ou les donner à bail à travers le mécanisme des licences d'exploitation.

[404] OUATTARA (B.), DAO (S.), SANON (L.) et BOUYAIN (A.), *Guide pratique sur le droit d'auteur et les droits voisins à l'intention des magistrats et auxiliaires de justice*, BBDA, Ouagadougou, 2011, p. 49.

une personne morale représentant les intérêts des titulaires. Cette personne morale reconnue juridiquement comme un organisme de gestion collective, a pour mission de recouvrer et de reverser, à travers un système de répartition, les retombées financières des droits en question aux titulaires[405]. Dans cette hypothèse, l'application des dispositions régissant la saisie des droits d'associés et des valeurs mobilières peut se concevoir dans la mesure où l'organisme de gestion collective pourra très bien faire office de mandataire chargé de la gestion des droits à saisir ou à nantir.

205. En définitive, hormis l'hypothèse de gestion du droit d'auteur par un organisme de gestion collective, l'applicabilité des dispositions régissant la saisie conservatoire des droits d'associés et des valeurs mobilières aux biens immatériels industriels est en théorie comme en pratique difficile à envisager. L'insaisissabilité de ceux-ci peut dès lors être expressément affirmée au regard des dispositions actuelles du droit OHADA[406]. Il en est de même pour un ensemble d'autres biens immatériels identifiés de façon quelque peu éparse et ayant simplement été ignorés par le droit OHADA des saisies.

Paragraphe II : La constance du vide juridique pour la saisie des biens virtuels

206. Le virtuel désigne dans un sens général, ce qui est susceptible de se réaliser, mais qui n'est pas encore réel ou effectif. Cependant, dans le registre particulier de la matière informatique, le terme désigne ce qui n'a pas de réalité matérielle, mais qui existe numériquement grâce au réseau télématique mondial ou aux techniques de simulation

---

[405] *Ibidem.*

[406] C'est dire qu'aucune procédure n'a été expressément prévue pour la saisie de ces biens et l'extension procédurale réalisée par l'AUS et en vertu duquel on aurait pu penser à une application de la procédure de saisie des droits d'associés et des valeurs mobilières n'est qu'un leurre.

informatique[407]. Le développement contemporain de ces derniers a aujourd'hui donné naissance à des valeurs aussi originales que le nom de domaine et la monnaie électronique, des biens purement électroniques et intégrant effectivement la sphère patrimoniale. Il s'agit là d'une catégorie de biens complètement ignorée par le législateur OHADA. Ces valeurs s'affirment comme réellement saisissables (**A**), mais l'inadéquation des procédures traditionnelles de saisie avec leurs particularités laisse les créanciers dans l'embarras (**B**).

A- La saisissabilité incontestable des biens virtuels

207. Au titre de biens virtuels sont généralement cités la monnaie électronique et le nom de domaine. L'admission de la saisissabilité de ces biens découle en réalité du principe général de saisissabilité des biens du débiteur (**1**) et de la compatibilité des caractéristiques de ces biens avec les exigences légales dudit principe (**2**).

1. La saisissabilité tirée du principe général de saisissabilité des biens du débiteur

208. Il ressort des dispositions du Code civil[408] et de ceux de l'AUPSRVE[409] que tous les biens meubles ou immeubles d'un débiteur récalcitrant, qu'ils soient présents ou à venir, peuvent être saisis à défaut d'exécution volontaire, en vue du désintéressement des créanciers. Le principe ainsi énoncé revêt une signification particulière. Il suppose que tous les biens de la personne, qu'elle soit physique ou morale, répondent sans qu'aucun compte ne soit tenu de leur nature mobilière ou immobilière, corporelle ou incorporelle, des dettes de celle-ci lorsqu'elle ne les exécute pas volontairement. S'il est fait obligation au créancier de s'emparer prioritairement des biens mobiliers par rapport aux

---

[407] Microsoft® Études 2008 [DVD]. Microsoft Corporation, 2007.
[408] Art. 2092 et 2093 du Code civil applicable au Cameroun.
[409] Art. 50 de l'AUPSRVE.

immeubles[410], celui-ci a par contre la latitude en ce qui concerne les premiers, de s'intéresser aussi bien à ceux corporels qu'à ceux qui n'ont pas d'existence physique.

209. La révolution industrielle du XIXe siècle et celle numérique du XXIe ont conduit à un renchérissement du patrimoine qui se composent aujourd'hui de nouveaux éléments tels que les droits sociaux, intellectuels, et d'autres biens issus de l'univers virtuel[411]. Du coup, la liberté de choix du créancier pour la mise en œuvre de son droit de gage général est beaucoup plus étendue[412]. Ainsi, toutes les fois qu'une nouvelle valeur entrera dans le patrimoine d'une personne et qu'il appartiendra par sa nature et ses caractéristiques à la catégorie des actifs, il intègrera automatiquement l'assiette du gage général des créanciers et pourra à cet effet être saisissable. Tel est le cas des biens du domaine virtuel dont les caractéristiques nous semblent favorables à la mesure.

2. La compatibilité des caractéristiques des biens virtuels avec les exigences légales du principe général de saisissabilité des biens du débiteur

210. L'intégration effective des biens du domaine virtuel dans l'assiette du droit de gage général des créanciers découle principalement de la réalité de leur valeur pécuniaire dans le patrimoine et de leur absence dans l'assiette des biens et droits insaisissables[413].

211. En ce qui concerne la réalité de leur valeur économique, il est admis depuis l'arrêt de la Cour européenne

---

[410] Art. 28, al. 2, de l'AUPSRVE.
[411] Notamment la monnaie électronique et le nom de domaine.
[412] DONCHI DONFACK (F.), *La saisissabilité de la monnaie électronique en droit bancaire CEMAC*, thèse de master, Université de Dschang, 2015, p. 19
[413] *Ibidem.*

des droits de l'Homme du 18 septembre 2007[414] que le nom de domaine est un bien[415]. Il s'agit d'une chaine de caractères structurée, permettant la localisation et l'accès à un site internet en évitant le recours à l'adresse IP[416]. Sa valeur patrimoniale découle aujourd'hui de la possibilité qu'il offre d'en faire une exploitation purement lucrative à travers des mécanismes divers reconnus sous le vocable de *monétisation des noms de domaine*[417]. L'admission d'une telle valeur au titre de bien malgré son existence purement virtuelle suppose que celle-ci peut être cédée et de cette cession, découle sa saisissabilité.

La monnaie électronique n'échappe pas à cette logique. Celle-ci se définit en effet comme la valeur monétaire incorporée sous forme électronique contre remise de fonds de valeur égale, qui peut être utilisée pour effectuer des paiements à des personnes autres que l'émetteur, sans faire intervenir un compte bancaire dans la transaction[418]. Le qualificatif de valeur monétaire qui ressort de cette définition permet de déduire qu'elle est considérée comme une véritable monnaie au même titre que les pièces, les billets de banque et la monnaie scripturale. Elle a donc à ce titre une valeur positive dans le patrimoine de son propriétaire[419].

---

414 CEDH, 18 sept. 2007, Paeffgen gmbh (I-VI) c/ Allemagne, n° 25379/04, 21688/05, 21722/05 et 21770/05, *JCP* G 2008.I.158, n° 1.

415 REVET (T.) « Propriété et droits réels », *RTDciv.*, juil.-sept. 2008, p. 503.

416 SAIRDAIN (F.), Noms de domaine, J-Cl. Communication, 22 juin 2006, cité par REVET (T.) « Propriété et droits réels », préc., p. 503.

417 ICANN, « Monétisation des noms de domaines », Policy issue brief, www.policy-staff@icann.org., juin 2008.

418 Art 1er du règlement n° 01/ CEMAC/ UMAC/CM du 18 septembre 2011 relatif à l'exercice de l'activité d'émission de la monnaie électronique.

419 DONCHI DONFACK (F.), *La saisissabilité de la monnaie électronique en droit bancaire CEMAC*, préc., p. 24.

212. D'un autre côté, il est aisé de constater que les biens issus de l'univers électronique ne figurent nullement dans la catégorie des biens frappés d'insaisissabilité en droit OHADA. En effet, hormis les cas d'insaisissabilités conventionnellement stipulées, l'insaisissabilité ne peut découler que d'une disposition législative expresse. Or celle-ci fait défaut en ce qui concerne les biens virtuels, aussi bien dans l'ordre juridique de la CEMAC[420] que dans celui de l'OHADA.

La saisissabilité des biens virtuels ne fait donc en droit OHADA l'objet d'aucun doute et la difficulté réside véritablement dans l'inaptitude des procédures classiques de l'OHADA à les appréhender.

B- L'inadéquation des procédures traditionnelles de saisie aux biens virtuels

213. Le constat du vide juridique en ce qui concerne la saisie des biens virtuels découle non seulement de l'absence de procédure spécifique à cette catégorie de biens, mais aussi de l'inapplicabilité des procédures existantes à ceux-ci. Les biens immatériels relevant de la catégorie des meubles, l'application des règles de la saisie immobilière est donc en principe exclue. L'application des règles des saisies mobilières est rendue difficile par le caractère virtuel de ces biens. Cette virtualité limite complètement leur appréhension par la procédure de saisie-vente d'une part (**1**) et d'autre part, la détention personnelle de leur valeur empêche la mise en œuvre des procédures spécifiques aux biens immatériels (**2**).

1. La virtualité comme critère d'incompatibilité avec la saisie-vente

214. De par sa vocation et ses caractéristiques, la saisie-vente organisée par le législateur OHADA a indéniablement

[420] *Ibidem.*

pour seul cadre d'application, les meubles corporels[421]. Ceci se comprend aisément dans la mesure où la procédure a été organisée pour appréhender les biens meubles en vue de leur mise sous main de justice, suivie de la vente. S'agissant de la saisie qui porte sur les sommes d'argent détenues par le débiteur, elle débouche sur une attribution de ceux-ci au créancier saisissant, après consignation entre les mains de l'huissier, de l'agent d'exécution ou au greffe[422].

215. Force est dès lors de constater que les biens immatériels et ceux du domaine virtuel inclus, ne peuvent être appréhendés par la saisie-vente d'une part parce qu'elle a été expressément et exclusivement attribuée aux meubles corporels et d'autre part parce que son organisation ne s'accommode pas à la particularité des biens virtuels, ces derniers ne justifiant de leur existence que sous la forme d'unités électroniques, matériellement insaisissables.

Si l'inadéquation de la saisie-vente aux biens du domaine virtuel peut facilement se comprendre eu égard à la nature incorporelle des biens, le constat est un peu plus amer en ce qui concerne les autres procédures spécialement prévues pour les biens immatériels.

2. L'inapplicabilité des procédures spécifiques aux biens immatériels pour cause de détention personnelle de la valeur des biens virtuels

216. Il est constant que les procédures OHADA de saisie organisées pour les biens immatériels ne s'accommodent véritablement qu'à ceux dont la valeur est détenue par un tiers. Ainsi, la saisie-attribution qui ne porte que sur les créances de sommes d'argent, ne s'applique que pour autant que les sommes en question soient détenues par un tiers. Son application est donc incohérente vis-à-vis de la monnaie

[421] Art. 91 de l'AUPSRVE.
[422] Art. 104 de l'AUPSRVE.

électronique dont on aurait pu la rapprocher. Elle présente en effet des similitudes avec la monnaie scripturale[423] qui s'intègre parfaitement dans le mécanisme de la saisie-attribution. En effet, la monnaie électronique n'étant adossée sur aucun compte bancaire[424], sa valeur est entièrement détenue par le propriétaire lui-même qui en dispose librement[425]. La signification d'un acte de saisie à l'émetteur est insuffisante pour entraîner l'indisponibilité et l'attribution immédiate observée dans le cadre de la saisie de la monnaie scripturale soutenue quant à elle par un compte bancaire.

217. L'application de la saisie des droits d'associés et des valeurs mobilières au nom de domaine achoppe sur les mêmes difficultés. Les dispositions de l'AUPSRVE[426] laissent clairement penser que la procédure n'est réellement prévue que pour les biens qui sont matérialisés par un titre devant être émis, conservé, ou géré par un tiers. Le nom de domaine est quant à lui protégé du simple fait de son enregistrement. Celui-ci ne donne nullement lieu à la délivrance d'un titre, mais plutôt à l'attribution d'un numéro d'enregistrement permettant au souscripteur de faire valoir ses droits sur le nom. Ici encore, on peut se dire que la valeur du nom de domaine est en réalité détenue par le titulaire du nom lui-même et que l'efficacité d'une éventuelle saisie serait tributaire de la signification de l'acte de saisie à celui-ci. Malheureusement, la procédure telle qu'elle est organisée n'admet point le débiteur comme destinataire de l'acte.

---

[423] Elles sont toutes les deux des moyens de paiement nécessairement émis par une personne morale agrée à cet effet ; voir TCHABO SONTANG (H. M.), « Les aspects juridiques de la monnaie électronique dans la CEMAC », Annales de la Faculté des Sciences Juridiques et Politiques de l'Université de Dschang, tome 13, 2009, p. 227 et s.

[424] Art 1er du règlement n° 01/ CEMAC/ UMAC/CM du 18 septembre 2011 préc..

[425] DONCHI DONFACK (F.), *La saisissabilité de la monnaie électronique en droit bancaire CEMAC*, préc., p. 59.

[426] Art. 236 de L'AUPSRVE.

*   *

*

218. Toutes les insuffisances relevées conduisent à embarrasser les créanciers et débouchent en réalité sur une insaisissabilité factuelle d'un certain nombre de biens immatériels qui risquent fortement de se retrouver hors de portée des procédures civiles d'exécution. C'est pour éviter une situation aussi regrettable qu'il est judicieux d'œuvrer à la recherche d'un droit OHADA des saisies plus adapté à l'immatériel.

CHAPITRE II

LA RECHERCHE D'UN DROIT OHADA DES SAISIES PLUS CONQUÉRANT DE L'IMMATÉRIEL

219. La plupart des biens étant désormais logés dans les boîtes électroniques, aucun droit contemporain qui se veut attractif ne peut les laisser en dehors du champ des voies d'exécution. Le droit OHADA des saisies est loin d'épouser totalement cette réalité. Son inaptitude actuelle à saisir l'immatériel oblige, dans la perspective de la modification prochaine de l'AUPSRVE[427], à explorer les pistes de modernisation du droit OHADA pour une meilleure appréhension de cette catégorie de biens. À ce titre, une procédure de saisie de droit commun portant sur les biens immatériels en droit OHADA nous semble indispensable (**section I**), de même qu'un réaménagement des règles régissant la saisie-attribution s'avère utile (**section II**).

Section I : La nécessité d'une procédure de saisie de droit commun de l'immatériel

220. L'organisation d'une procédure de saisie de droit commun pour les biens immatériels nous semble s'imposer en droit de l'OHADA. Pour s'en convaincre, il convient de

---

[427] Cette modification s'impose désormais en raison de certains changements intervenus dans d'autres Actes uniformes. On pense ainsi aux voies d'exécution alternatives prévues par l'AUS (attribution judiciaire ou conventionnelle par exemple).

prendre toute la mesure de l'intérêt d'une telle procédure en droit OHADA (**paragraphe I**) pour s'apercevoir que, bien organisée, la procédure de saisie des droits d'associés et des valeurs mobilières pourrait en tenir lieu (**paragraphe II**).

Paragraphe I : L'intérêt de la procédure de saisie de droit commun de l'immatériel

221. Le droit commun s'apprécie par rapport à des dispositions générales ayant vocation à s'appliquer chaque fois qu'il n'est prévu aucune dérogation expresse[428]. L'intérêt d'un droit commun des saisies appliqué aux biens immatériels en droit OHADA s'apprécie au regard de l'extrême diversification de cette catégorie de biens (**A**) et de l'insuffisance des procédures spéciales organisées par le législateur communautaire (**B**).

A- L'extrême diversification de la catégorie des biens immatériels

222. La catégorie des biens immatériels est particulièrement marquée par la multiplicité de ses domaines d'expansion (**1**) et son accroissement continu (**2**).

1. La multiplicité des domaines d'expansion des biens immatériels

223. Si à l'origine le succès économique reposait essentiellement sur la richesse des matières premières, sur les industries manufacturières et sur le volume de capital matériel dont disposait chaque nation, l'avènement d'autres biens a largement infléchi cette réalité. Bien qu'elle soit encore vérifiable, elle ne peut plus être soutenue de manière

---

[428] DIAKHATE (M.), « Les procédures simplifiées et les voies d'exécution : la difficile gestation d'une législation communautaire », *RSDA* n° 2-3-4, 2003-2004, p. 16.

radicale[429]. La véritable richesse aujourd'hui est immatérielle[430] et celle-ci infeste la quasi-totalité des activités humaines.

224. Dans le domaine de l'industrie, notamment l'industrie automobile, être un leader, c'était avant tout s'imposer par des critères techniques tels que les caractéristiques de la cylindrée. Aujourd'hui, c'est la marque, le concept, le service après-vente qui font dans ce secteur la réussite industrielle[431]. Les pays les plus diligents se spécialisent aujourd'hui dans la technologie de pointe, assurant ainsi une meilleure construction de l'offre commerciale, la création du concept et la maîtrise du design. Les logiciels constituent aujourd'hui la clé de voûte du secteur des télécommunications marqué par l'expansion de l'informatique.

Aujourd'hui, la valeur de l'entreprise repose pour une part indispensable sur des éléments immatériels éventuellement quantifiables tels que la valeur du portefeuille, des brevets, la valeur de la marque ou les capacités créatives des équipes. En outre, la dématérialisation des valeurs mobilières a conduit à l'immersion du domaine de la finance dans le monde de l'immatériel. De même, l'immatériel a intégré les différentes branches du droit. Ainsi, le droit de la propriété intellectuelle[432], celui des sûretés[433], de même que le droit civil des biens[434] ont de nos jours, naturellement intégré en leur sein les valeurs immatérielles.

---

[429] LEVY (M.) et JOUYET (J.-P.), *L'économie de l'immatériel : la croissance de demain,* rapport de la commission sur l'économie de l'immatériel, Paris, 2006, p. 9.

[430] *Ibidem.*

[431] *Ibidem.*

[432] Celui-ci constitue le domaine naturel de protection des biens immatériels

[433] Notamment par la consécration du nantissement.

[434] Avec notamment la reconnaissance d'une para-propriété intellectuelle portant sur l'image, le nom, etc.

225. Cet éparpillement des biens immatériels, qui infiltrent la plupart des domaines d'activité de l'Homme, a le mérite de souligner la difficulté de leur appréhension par les procédures de saisie. L'idéal serait donc que puisse s'organiser une procédure de droit commun qui s'appliquerait sinon à la totalité, du moins à la majeure partie de ces biens. L'intérêt d'une telle procédure est d'autant plus fort que cette catégorie de biens est en permanente expansion.

2. L'accroissement continu de la catégorie des biens immatériels

226. Si l'immatériel se trouve ainsi développé au point d'intégrer toutes les sphères de l'activité humaine, c'est sans doute parce qu'il prend sa source dans les capacités de l'Homme à innover, à créer des concepts et à produire des idées, devenus aujourd'hui l'avantage compétitif essentiel[435]. Partant, l'imagination de l'Homme étant en perpétuelle gestation, l'évolution postmoderne de nos sociétés laisse penser que ces biens immatériels ne cesseront d'évoluer dans le temps et de se diversifier parallèlement[436].

227. Les interrogations foisonnent en permanence sur l'accessibilité des valeurs nouvelles au titre de bien. L'analyse de la question à propos des valeurs véritablement originales telles que les quotas laitiers manifeste à suffisance la réalité de la tendance continue et croissante des valeurs immatérielles à intégrer le patrimoine. En effet, pour réduire une production agricole largement excédentaire, les législations communautaires et nationales européennes usent des techniques de limitation des capacités productives. Parmi

---

[435] LEVY (M.) et JOUYET (J.-P.), *L'économie de l'immatériel : la croissance de demain*, *op.cit.* p. 9.

[436] BEN ADIBA (A.), *Les sûretés mobilières sur les biens incorporels : propositions pour une rénovation du système des sûretés mobilières en France et au Québec*, thèse de doctorat, Université de Montréal, 2012, p. 2.

ces techniques, l'une des plus importantes est la restriction à la commercialisation. Cette technique est mise en œuvre notamment pour la production laitière par une affectation des quotas à l'agriculteur et à l'intérieur desquels aucune taxe n'est prélevée sur les litres de lait vendus[437].

228. La question de la détermination de la nature juridique des quotas laitiers s'est posée devant la Cour de cassation française[438]. Il s'agissait de savoir s'ils peuvent être considérés comme des choses incorporelles susceptibles d'appropriation et faisant partie du patrimoine, ou alors comme des autorisations administratives non patrimonialisées. La Cour s'est prononcée en l'espèce en faveur de la dernière conception. En tout cas, l'interrogation sur la nature juridique des quotas laitiers démontre à suffisance la tendance permanente de la catégorie des biens immatériels à s'accroître au travers de l'extrême poussée de la patrimonialisation, celle-ci s'emparant même des valeurs attachées à la personne.

229. L'hétérogénéité de la catégorie des biens immatériels rend leur appréhension par les procédures civiles d'exécution particulièrement difficile. Cette situation justifie dès lors qu'il soit envisagé une procédure de droit commun qui s'approprierait le maximum de ces biens, étant donné l'insuffisance des procédures spéciales organisées par le législateur OHADA.

B- L'insuffisance des procédures spéciales de l'OHADA

230. La nécessité d'une procédure de saisie de droit commun sur les biens immatériels se justifie davantage par le nombre limité des procédures spéciales organisées par le

[437] DROSS (W.), « les quotas laitiers sont-ils des biens ? », *RTDciv.*, janvier-mars 2013, p. 157.
[438] Civ. 3e, 31 oct. 2012, n° 10-17.851.

législateur. Celles-ci répondent à cet effet à un inventaire restrictif des biens immatériels par le législateur (**1**) et bénéficient d'un domaine à extensibilité limitée (**2**).

1. L'inventaire restrictif des biens immatériels par la législation OHADA des saisies

231. Il est tout à fait aisé de constater que les procédures de saisie organisées par l'AUPSRVE sont pour l'essentiel des procédures véritablement spéciales, en ce sens qu'elles s'appliquent chacune à une catégorie de biens précisément déterminée. Ainsi, en ce qui concerne les biens corporels, sont visés les meubles corporels[439] et les immeubles[440]. Les biens immatériels pour ce qui les concerne sont identifiés de façon individuelle et seuls sont concernés les créances de somme d'argent[441] et les droits d'associés ainsi que les valeurs mobilières[442].

232. La législation OHADA des saisies ne prend donc en compte que ces trois types de biens immatériels en gardant un silence perturbateur en ce qui concerne les biens immatériels tout aussi importants que sont le fonds de commerce, les droits de propriété intellectuelle et même la monnaie électronique. C'est cette exclusion manifeste d'un pan entier des valeurs immatérielles du domaine des procédures civiles d'exécution qui permet de conclure qu'en matière de saisie de l'immatériel, l'inventaire du législateur communautaire revêt une portée véritablement restrictive.

233. Il convient de constater que l'appréhension de l'immatériel par l'organisation des procédures de saisie spécifiques à des biens immatériels particuliers ne semble pas être la meilleure manière d'atteindre le plus grand nombre de

---

[439] Art 91 et s. de l'AUPSRVE, relativement à la saisie-vente.
[440] Art. 246 et s. de l'AUPSRVE, relativement à la saisie immobilière.
[441] Art. 253 et s. de l'AUPSRVE, relativement à la saisie-attribution.
[442] Art. 236 et s. de l'AUPSRVE, relativement à la saisie des droits d'associés et des valeurs mobilières.

biens intégrant une catégorie aussi hétérogène. De plus, les procédures organisées à titre spécifique par le législateur communautaire bénéficient d'un domaine difficilement extensible.

2. L'extensibilité limitée du domaine des procédures OHADA de saisie

234. En faveur d'une procédure de saisie de droit commun de l'immatériel, on pourrait également s'appuyer sur l'extensibilité limitée du domaine des procédures organisées par le législateur. Dans cette optique, la rigueur de la spécialité des procédures ainsi organisées limite la mise en œuvre des mécanismes d'extension dont pourraient se servir les créanciers pour se saisir des biens incorporels figurant dans le patrimoine du débiteur et non expressément visés par l'AUPSRVE.

On peut à cet égard se rendre compte que la saisie-attribution des créances n'a pour seule vocation qu'à s'appliquer aux créances de somme d'argent, à l'exclusion de tout autre type de créances. L'interprétation du domaine de cette procédure est si rigoureuse qu'elle exclut même les créances portant sur les salaires qui, eux, sont réservés à la procédure de saisie des rémunérations.

235. La saisie des droits d'associés et des valeurs mobilières bénéficie en revanche d'un domaine plus ou moins extensible, dans la mesure où le l'AUS prévoit effectivement une hypothèse d'application des règles de cette procédure au fonds de commerce et aux droits de propriété intellectuelle[443]. Seulement, cette extension est encore limitée dans la mesure où elle s'accommode difficilement des spécificités de ces biens et se fait en réalité dans le cadre d'une sûreté particulière dont la nature et les effets diffèrent effectivement de ceux d'une véritable saisie.

---

[443] V. *supra*, n° 194.

236. Toutes les insuffisances relevées trouvent leur origine dans la technique législative qui a consisté à l'appréhension des biens incorporels par l'organisation des procédures de saisie spécifiques à certains biens immatériels tout en délaissant un pan entier de cette catégorie hors du champ des procédures civiles d'exécution. La nécessité d'une procédure de saisie de droit commun de l'immatériel est donc urgente pour englober les biens immatériels dont l'évolution de la pensée rend la création prévisible. À cet effet, un réaménagement de la saisie des droits d'associés et des valeurs mobilières pourrait permettre d'en faire la procédure ainsi souhaitée.

Paragraphe II : L'érection possible de la saisie des droits d'associés et des valeurs mobilières en saisie de droit commun

237. La saisie des droits d'associés et des valeurs mobilières pourrait constituer la saisie de droit commun tant souhaité. Elle est un véritable banc d'essai au regard de l'extensibilité pratique de son domaine d'application (**A**). Ces chances de succès exigent cependant qu'elle subisse un réaménagement utile (**B**).

A- L'extensibilité pratique du domaine de la saisie des droits d'associés et des valeurs mobilières

238. Même si la saisie des droits d'associés et des valeurs mobilières indique clairement le domaine d'application qui est le sien, sa mise en œuvre montre que son champ d'application tel que défini par l'AUPSRVE est relativement souple et pourrait selon les besoins faire l'objet d'une certaine extension. À côté de l'extension limitée réalisée par l'AUS (**1**), on peut noter en référence au droit comparé, notamment français, une extension jurisprudentielle dont pourrait s'inspirer le législateur de l'OHADA. La jurisprudence permet d'appréhender par cette procédure bien plus que les valeurs mobilières et les droits d'associés (**2**).

1. L'extension légale de la saisie des droits d'associés et des valeurs mobilières

239. Il peut certes sembler redondant de revenir sur cette réalité déjà débattue[444], mais la nécessité d'une telle démarche s'impose pour les besoins de l'analyse.

À cet effet, l'on remarquera que le fait pour le législateur OHADA d'envisager l'application des règles régissant la saisie conservatoire des droits d'associés et des valeurs mobilières aux droits de propriété intellectuelle[445] et au fonds de commerce[446], dénote malgré les imperfections liées à cette extension, de la capacité de principe de la saisie des droits d'associées et des valeurs mobilières à s'appliquer à des biens immatériels autres que ceux qui lui ont été expressément attribués par le législateur. De là découle le premier aspect du caractère extensible du domaine d'application de la saisie des droits d'associés et des valeurs mobilières.

240. À côté de cet aspect purement législatif, la jurisprudence, précisément celle française, nous renseigne également sur de nombreuses hypothèses d'extension pratique du domaine de cette procédure.

2. L'extension jurisprudentielle de la saisie des droits d'associés et des valeurs mobilières

241. La particularité française en matière de saisie des biens incorporels réside premièrement dans l'étendue de l'inventaire que le droit français fait des biens pouvant rentrer dans cette catégorie. On se rend facilement compte que l'appréhension du droit français en la matière, loin d'être

---

[444] V. *supra*, n° 194.
[445] Art. 158 de l'AUPSRVE.
[446] Art. 164 de l'AUPSRVE.

restrictive comme celle du droit OHADA, s'avère grâce à la jurisprudence, véritablement large. Dès lors, le critère de la négociabilité[447] est expressément mis en relief pour intégrer dans cette catégorie, toutes les valeurs immatérielles qui y répondent[448]. On a pu ainsi admettre au titre des biens incorporels cessible et donc saisissable, une autorisation de mise en service de transport sanitaire[449].

Toutefois, cette appréhension large de la notion de bien incorporel contraste avec l'organisation limitée des procédures de saisie par le législateur français. C'est la jurisprudence française qui a eu le mérite de procéder à l'extension du domaine de la saisie des droits d'associés et des valeurs mobilières à des biens aussi variés que sont la marque[450], le brevet d'invention[451], la licence d'exploitation d'un débit de boisson[452] ou la licence de taxi[453].

242. La pratique jurisprudentielle française vient donc conforter la pseudo-extension amorcée par le législateur OHADA en tirant argument de la souplesse du domaine d'application de la procédure de saisie des droits d'associés et des valeurs mobilières. Elle contribue à raffermir l'idée que, bien organisée, celle-ci ferait une véritable saisie de droit commun pour les biens immatériels.

B- Le réaménagement de la saisie des droits d'associés et des valeurs mobilières

243. Pour servir de droit commun de la saisie des biens immatériels, la saisie des droits d'associés et des valeurs

---

447 DABIN (J.), « Saisie et vente forcée des droits incorporels », www.dubois-huissier-93.com, 23/04/15.
448 TGI-Lyon, JEX, 15 mai 2001, *Dr. et proc.* 2002, p. 39.
449 JEX-Pantoise, 11 jan. 2010, *RG.* n° 09/08570.
450 TGI-Paris, JEX, 20 sept. 1994, *BICC* 1994, n° 1171.
451 TGI-Paris, 8 mars 2001, *BICC* 2002, n° 347.
452 TGI-Colmar, 18 févr. 2002, RD banc, fin 2003, n° 15.
453 TGI-Lyon, JEX, 15 mai 2001, préc.,

mobilières pourrait faire l'objet d'un double réaménagement. Le premier réaménagement consisterait à admettre le débiteur dans la liste des destinataires de l'acte de saisie (**1**) et le second, à faire produire à cette saisie les effets de la saisie-attribution, spécialement l'effet attributif immédiat (**2**).

1. L'admission du débiteur comme destinataire de l'acte de saisie

244. L'une des difficultés relevées dans la mise en œuvre de l'extension organisée par l'AUS pour permettre l'application des dispositions régissant la saisie conservatoire des droits d'associés et des valeurs mobilières aux droits de propriété intellectuelle et au fonds de commerce, réside principalement dans l'absence de la participation d'un tiers au mécanisme d'exploitation de ces biens. À cet effet, l'acte d'engagement de la procédure étant supposé être signifié nécessairement à un tiers[454], le défaut de celui-ci en ce qui concerne le fonds de commerce ou les droits de propriété intellectuelle rend dès lors la procédure difficile à engager dans ces cas. La difficulté persiste également pour les biens du domaine virtuel qui, bien qu'admettant nécessairement la participation d'un tiers dans leur mécanisme d'exploitation[455], possèdent une valeur effectivement détenue par le débiteur lui-même.

245. L'admission du débiteur au titre de destinataire potentiel de l'acte de saisie, faciliterait effectivement la mise en œuvre de cette procédure tant sur le fonds de commerce et les droits de propriété intellectuelle que sur tous les autres biens immatériels dont l'existence ou l'exploitation ne

---

[454] L'article 236 de l'AUPSRVE vise à cet effet, la personne morale émettrice du titre ou le mandataire chargé de les conserver ou les gérer.

[455] On peut à cet effet constater en ce qui concerne la monnaie électronique que le rôle la personne morale émettrice dans son processus d'exploitation est indispensable. De même, la participation de l'hébergeur dans celui du nom de domaine s'avère incontournable.

dépendent pas nécessairement ou exclusivement de la participation d'une personne autre que le débiteur lui-même.

Cet aménagement permettra d'envisager dans certains cas particuliers, notamment celui des biens du domaine virtuel et précisément de la monnaie électronique, une double destination de l'acte de saisie. Celui-ci pourra être signifié corrélativement au débiteur saisi et à la personne morale émettrice, le premier étant le véritable détenteur de la valeur du bien et la participation de la seconde étant nécessaire à l'exploitation de cette valeur. La signification de l'acte de saisie à cette dernière pourrait entre autres permettre de la constituer gardienne des sommes saisies et ceci l'obliger certainement à bloquer le portefeuille électronique du débiteur afin que ce dernier ne puisse plus disposer des unités de valeur qui y sont contenues[456].

Elle permettra également de justifier l'indisponibilité du bien qui devra certainement être gardé. En effet, il est à craindre notamment dans le cadre de la saisie de la monnaie électronique qu'en l'absence du gardien, le débiteur face usage des unités de valeur (UV) saisies malgré l'indisponibilité de celles-ci. En l'espèce, la désignation de la société émettrice comme gardienne obligera celle-ci à bloquer le portefeuille électronique du débiteur de façon à conserver les UV jusqu'au jour de la réalisation de la saisie[457]. Le champ d'application de la procédure de saisie

---

[456] V. DONCHI DONFACK (F.), *La saisissabilité de la monnaie électronique en droit bancaire CEMAC*, préc., p. 69. Il pourra en être de même en ce qui concerne le nom de domaine, l'acte de saisie pouvant dans cette hypothèse être servi corrélativement au débiteur (qu'on peut identifier grâce à l'adresse IP) et à la société d'enregistrement dont l'intervention est indispensable pour l'acquisition et la cession d'un nom de domaine.

[457] Comme la société émettrice de la monnaie électronique, la société d'enregistrement pourra jouer un tel rôle dans le cadre de la saisie du nom de domaine. Il convient tout de même de préciser que la solution sera certainement différente pour le cas de la saisie des biens incorporels dont

des droits d'associés et des valeurs mobilières s'en trouvera dès lors véritablement élargi, donnant à celle-ci les allures d'une véritable procédure de droit commun.

246. L'extension de la liste des personnes habilitées à recevoir l'acte de saisie ne suffirait pas pour combler les lacunes liées à l'appréhension effective des biens immatériels, eu égard aux spécificités qui sont parfois les leurs, notamment l'attachement de ceux-ci à la personne. C'est dans cette optique qu'il nous a semblé judicieux d'adhérer à l'idée qui veut que la procédure de saisie des droits d'associés et des valeurs mobilières soit transmutée en une saisie-attribution particulière.

2. Le réaménagement des dispositions particulières aux droits d'associés et aux valeurs mobilières

247. Pour une meilleure appréhension des biens immatériels en droit OHADA par le droit des voies d'exécution, une métamorphose de la procédure, spécialement lorsqu'elle est engagée vis-à-vis des droits d'associés et des valeurs mobilières paraît s'imposer.

En l'état actuel, la procédure s'assimile à une saisie-vente. Cette organisation soulève de véritables difficultés vis-à-vis des biens qui constituent son domaine principal d'application que sont les valeurs mobilières et les droits d'associés. L'un des obstacles les plus manifestes réside dans l'éventualité

---

l'exploitation ne nécessite la participation d'aucune autre personne que le débiteur lui-même. Dans ce cas, seul ce dernier pourra être admis en qualité de gardien. Il en est ainsi notamment en qui concerne le fonds de commerce, qu'il soit ordinaire ou électronique. En effet, on aurait pu imaginer en l'espèce la nomination d'un tiers mandataire chargé de gérer le fonds pendant la durée de l'indisponibilité. Seulement, la valeur du fonds peut être liée à des secrets de fabrication ou un savoir-faire dont dispose le commerçant et qu'il ne livrera certainement pas dans le cadre d'une mesure d'exécution forcée. La séparation du commerçant et du fonds de commerce risque dès lors d'entraîner la chute de la valeur du fonds en question.

pour le saisissant de se voir déclarer adjudicataire[458]. Parti donc pour une procédure civile d'exécution, le créancier se retrouve ainsi membre de la société avec tous les désagréments qui peuvent en résulter[459]. De même, l'option d'une saisie-vente limite véritablement le champ d'application de la procédure qui pour le moment ignore notamment les droits attachés aux apports en industrie et ceux des titres émis par les sociétés sans personnalité morale.

248. Afin de contourner ces limites, la saisie des droits d'associés et des valeurs mobilières pourrait être réformée dans le sens de sa transformation en saisie-attribution spéciale[460]. Celle-ci serait similaire à la première à bien des égards, mais diffèrerait du point de vue de la réalisation. À cet effet, à défaut de faire vendre les titres pour se faire payer sur le prix, il est proposé qu'après une meilleure évaluation des droits qui leurs sont attachés par une commission d'expert[461], l'attribution des montants causes de la saisie soit

---

[458] Étant donné que cette procédure emprunte les mécanismes de la saisie immobilière par l'élaboration d'un cahier des charges et l'adjudication, l'article 322 alinéa 2 de l'AUPSRVE dispose qu'à défaut d'un tiers et si malgré la diminution de la mise à prix aucune enchère n'est portée, le créancier poursuivant est déclaré adjudicataire pour la première mise à prix.

[459] Notamment, il demeure potentiellement insatisfait dans la mesure où il ne pourra espérer se faire payer que sur les dividendes éventuels réalisés par la société. L'objectif initial qui était le recouvrement de la créance, est donc transformé en rôles sociaux et l'entrée forcée du créancier en société porte atteinte au principe de la liberté contractuelle.

[460] BIKECK MBANG (A.), « La saisie des droits d'associés et des valeurs mobilières de la législation OHADA : une reforme inadaptée au droit des sociétés commerciales », préc., p. 20.

[461] Parmi les experts pouvant participer à l'évaluation, le ministère de notaire pourrait être sollicité eu égard à sa compétence en matière de vente immobilière. Le législateur communautaire pourrait également s'inspirer de la loi française de 14 février 1942 qui dispose en son article 42 que « *les adjudications publiques volontaires ou forcées de valeurs mobilières négociables sont faites par un agent de change ou un notaire* ».

faite instantanément soit par l'émetteur du titre, soit par son banquier[462]. Dans cette hypothèse, la réalisation se fera en deux phases alternatives. On pourra d'une part envisager le rachat des titres du débiteur saisi par ses pairs afin de reverser le montant au créancier saisissant ou d'autre part imposer à la société tierce saisie de désintéresser le créancier par tous moyens[463]. L'option pour une telle organisation aura le double mérite de contourner les désagréments liés au droit des sociétés tels que relevés ci-dessus et de renforcer par la même occasion la garantie des créanciers quant à la certitude du recouvrement de leurs créances.

249. Une fois le débiteur admis au titre de destinataire de l'acte de saisie et la réorganisation spécifique pour les droits d'associés et les valeurs mobilières effectives, une retouche finale sur la procédure de saisie-attribution contribuera certainement à l'efficacité de l'appréhension de l'immatériel en droit OHADA.

Section II : Le réaménagement de la saisie-attribution

250. Comme il a été dit précédemment[464], la mise en œuvre de la saisie-attribution telle qu'elle est organisée actuellement, s'accommode difficilement et à la limite, remet en cause les règles juridiques substantielles relativement à l'égalité entre les créanciers et la protection du débiteur. Un réaménagement dans le sens du respect du principe d'égalité

---

[462] BIKECK MBANG (A.), « La saisie des droits d'associés et des valeurs mobilières de la législation OHADA : une reforme inadaptée au droit des sociétés commerciales », préc., p. 24.

[463] La société pourra dès lors soit racheter ces titres en vue de réduire son capital, soit payer le créancier à la place du débiteur sous réserve de compensation ou en guise d'un payement anticipé sur les dividendes futurs dont pourra bénéficier le débiteur saisi. Cette solution nous parait judicieuse car les titres émis par les sociétés commerciales intégrant effectivement le patrimoine des associés, ces sociétés devraient contribuer à ce que ces titres participent effectivement au gage général des créanciers

[464] Voir *supra*, n° 129 et s.

entre les créanciers (**paragraphe I**) et de l'admission au profit du débiteur de la possibilité de demander un délai de grâce, participerait de l'objectif d'humanisation des procédures tant prôné par le législateur OHADA des saisies (**paragraphe II**).

Paragraphe I : La protection des créanciers par le rétablissement de l'égalité

251. L'égalité entre les créanciers ne peut être assurée que par la prise en compte de sa principale caractéristique qu'est l'effectivité du concours entre les créanciers (**A**) et l'admission de cette égalité dans le cadre de la saisie-attribution ne remet nullement en cause les fondements de celle-ci (**B**).

A- La redécouverte du concours entre les créanciers

252. Le concours entre les créanciers subit en matière de saisie-attribution, un recul systématique du fait de la rigueur et de l'immédiateté de l'effet attributif. L'instauration d'un délai raisonnable pour permettre l'adjonction des autres créanciers à la procédure (**1**) et la prise en compte des causes légitimes de préférence dans la distribution des sommes saisies devraient servir d'appuis au législateur communautaire pour le rétablissement de l'égalité (**2**).

1. L'instauration d'un délai pour l'adjonction des créanciers opposants à la procédure

253. L'idée est ici inspirée d'une partie des débats parlementaires menés en vue de l'adoption de la loi française de 9 juillet 1991 relative aux procédures civiles d'exécution[465]. Parlant de la saisie-attribution, les divergences portaient principalement sur la question de savoir si la priorité devait être donnée à la célérité de la procédure

---

[465] KAHIL (O.), *L'égalité entre les créanciers dans le cadre de la saisie-attribution*, thèse préc., p. 303.

ou plutôt au respect de l'égalité entre les créanciers, l'option pour l'un se faisant dans une certaine mesure au détriment de l'autre. Si les défenseurs de la célérité des procédures semblent l'avoir emporté dans les débats, les propositions faites par ceux de l'égalité ne manquent pas moins de pertinence.

En effet, la rigueur de l'effet attributif immédiat aujourd'hui observée se fonde sur l'idée de compensation du premier saisissant, considéré par le législateur comme le plus diligent. Il a cependant été démontré qu'à certains égards, le premier saisissant est certes le plus rapide, mais pas forcément le plus diligent[466]. C'est dans cette logique que la suppression des dispositions consacrant l'effet attributif immédiat tels qu'organisé aujourd'hui[467], avait été demandée, au motif que la procédure ainsi proposée était dangereuse et source de graves inégalités de traitement entre les créanciers[468].

254. D'autre part, et à défaut de la suppression pure et simple du texte tel qu'il se présente aujourd'hui, la proposition a été faite de procéder à sa modification, de façon à exiger une publication de la saisie à partir de laquelle un délai de huit jours avant l'attribution immédiate serait instauré pour permettre aux autres créanciers de se joindre à la procédure[469]. Contre cette dernière proposition et

[466] Il se peut effectivement qu'un créancier ait obtenu son titre exécutoire au même moment ou même avant le premier saisissant, mais qu'il n'ait pas pu signifier aussitôt l'acte de saisie pour des raisons étrangères à sa volonté. C'est pour cette raison que, mettant l'accent sur la distinction entre la rapidité et la vigilance, KAHIL (O.) pense qu'il faut prendre en compte la volonté du créancier de recouvrer sa créance, et ceci se déduira facilement de l'obtention par celui-ci d'un titre exécutoire.

[467] Art. 43 de la loi française de 1991 et art. 154 de l'AUPSRVE.

[468] Amendement n° 113, Senat, séance du 15 mai 1990, première lecture, JO, Sénat, p. 850.

[469] Amendement n° 90, Senat, séance du 15 mai 1990, préc.

exclusivement en faveur de la célérité de la procédure, il a été rétorqué notamment que la publication de l'acte de saisie porterait atteinte à la notoriété du commerçant[470]. Il semble cependant que l'atteinte à la notoriété du commerçant résulte en réalité de la mesure d'exécution elle-même et non de la publication de celle-ci[471], cette dernière participant plutôt de la transparence[472] dont l'égalité est l'un des corollaires principaux.

255. C'est toujours pour assurer le maintien de cette égalité qu'il est proposé, l'instauration d'un délai de 15 jours ouvrés à partir de la signification et de la publication (qui devraient intervenir le même jour), de l'acte de saisie pendant lequel les créanciers viennent en concours[473]. Ce délai aurait l'avantage de rétablir la règle de l'égalité entre les créanciers et assurerait une certaine compatible entre la saisie-attribution de droit commun et les règles spéciales prévues pour les saisies pratiquées sur les comptes bancaires[474]. Cette solution projetée devra être parachevée par la prise en compte des causes de préférence lors de la distribution.

2. La prise en compte des causes légitimes de préférence

256. Il convient de signaler que toutes les propositions faites en faveur du principe de l'égalité entre les créanciers

---

[470] Sénat, séance du 15 mai 1990, prec., p. 851.

[471] KAHIL (O.), *L'égalité entre les créanciers dans le cadre de la saisie-attribution*, thèse préc., p. 305.

[472] Sénat, séance du 15 mai 1990, préc., p. 851.

[473] KAHIL (O.), *L'égalité entre les créanciers dans le cadre de la saisie-attribution*, thèse préc., p. 308.

[474] Il convient de rappeler à cet effet que ses règles spéciales laissent un délai de 15 jours pendant lequel les sommes saisies restent totalement indisponibles en raison des opérations en cours, l'attribution immédiate au profit du créancier saisissant ne s'opérant qu'à l'issue de cette période ; voir dans ce sens l'art. 47 de la loi française du 9 juillet 1991 préc. et l'art. 161 al. 2 de l'AUPSRVE.

dans la saisie-attribution, ne manquent pas de préciser qu'une fois les créanciers en concours, la distribution du prix devra se faire sous réserve des causes légitimes de préférence. Cette position contraste véritablement avec celle actuellement en vigueur qui prône la répartition *au marc le franc* dans la rarissime hypothèse où les saisies seraient pratiquées le même jour[475].

Le créancier premier saisissant en matière de saisie-attribution, se voit donc à l'heure actuelle attribué un droit de préférence particulier qui remet en cause non seulement les mesures pratiquées postérieurement, mais aussi les causes légitimes de préférence expressément consacrées par les pères fondateurs du Code civil. Cette prérogative du premier saisissant, considéré comme une préférence procédurale qui prime les droits des titulaires des sûretés et des privilèges, manque manifestement de fondement juridique[476]. En effet, il est difficilement compréhensible que les règles substantielles et fondamentales du droit civil soient complètement bafouées au profit d'un créancier, parfois chirographaire, en raison seulement du fait pour lui d'avoir été le premier à diligenter les procédures d'exécution contre le débiteur.

257. L'instauration du concours entre les créanciers dans le cadre de la saisie-attribution emprunterait alors la double direction de l'admission de la possibilité pour les autres créanciers de se joindre postérieurement à la procédure et de la prise en compte dans la distribution des sommes saisies, des sûretés et privilèges dont les uns et les autres auraient pris la peine de s'en procurer.

À cette solution, l'on pourrait objecter la mise à mal de la célérité qui fonde la procédure. Seulement, la pertinence de la remarque perd de sa superbe au contact de la pratique.

---

[475] JEX Saint-Etienne, 16 juin 1994 préc.
[476] KAHIL (O.), *L'égalité entre les créanciers dans le cadre de la saisie-attribution,* thèse préc., p. 303.

B- La compatibilité de la solution avec la réalité de la saisie-attribution

258. Il est vrai que la solution proposée ralentie quelque peu la procédure si rapide de la saisie-attribution, mais, la portée de ce ralentissement est assez limitée en pratique (**1**) et la légitimité du concours entre les créanciers le justifie amplement (**2**).

1. Le retardement habituel des payements en pratique

259. En s'en tenant au principe de la saisie-attribution, notamment celui de l'effet attributif immédiat qui se produit à la signification de l'acte de saisie, on pourrait effectivement conclure à une incompatibilité de la procédure avec un quelconque délai pour l'admission des autres créanciers à s'y joindre, eu égard au ralentissement procédural qui en découlerait. Seulement, trois principales raisons limitent en pratique la portée d'un tel ralentissement.

260. D'abord, il est accordé de toutes les façons, un délai d'un mois au débiteur pour contester la saisie ainsi pratiquée. Pendant l'écoulement de ce délai, aucun paiement n'est possible[477]. Parfois à raison, mais aussi souvent à tort, les débiteurs contestent quasi systématiquement les saisies[478]. Il est en effet logiquement difficile qu'un débiteur qui veut payer ses dettes se trouve embarqué dans les procédures d'exécution forcée, celles-ci étant en principe prévues pour ceux qui ne veulent pas payer. Pour un débiteur qui ne veut pas payer justement, il est logique de s'attendre à une contestation de sa part. Les exemples en la matière foisonnent[479]. Il sera dès lors fréquent de voir le débiteur

---

[477] Art. 164 al. 1er de l'AUPSRVE.

[478] KAHIL (O.), *L'égalité entre les créanciers dans le cadre de la saisie-attribution*, thèse préc., p. 309.

[479] ONANA ETOUNDI (F.), « La réforme des procédures de recouvrement et voies d'exécution en droit OHADA : Étude pratique de législation et de jurisprudence », préc., p. 29 et s.

élever des contestations relatives notamment à la validité de la procédure sur des points tels que le défaut de dénonciation de la saisie dans les délais[480], le décompte inexact des sommes réclamées dans l'acte de saisie[481] ou le défaut d'indication sur la personnalité du créancier saisissant[482].

261. Ensuite, la plupart des saisies-attributions se déroulent entre les mains des banques, ce qui oblige le créancier à attendre le délai d'un mois ou de quinze jours prévu pour l'imputation des opérations en cours suivant qu'il y a ou non risque de contrepassation d'effets de commerce. Ce délai correspond ainsi à celui proposé pour la prise en compte de l'effet attributif. Enfin, dans la pratique, le payement effectif ne se passe qu'après des mois, voire des années[483], à moins que le débiteur déclare par écrit ne pas vouloir contester la saisie. Ce qui est rare. Le ralentissement est finalement naturel dans une procédure voulue rapide. L'admission pendant un certain délai de l'adjonction des créanciers opposants à la saisie-attribution ne freine donc en rien la procédure. L'effet attributif immédiat qui la caractérise ne correspond pas toujours au paiement[484].

262. Ainsi, sans pour autant négliger la revalorisation du titre exécutoire et la simplification des procédures souhaitées par le législateur, le délai de quinze jours proposé redonne de

---

480 CA-Centre, ord. n° 1080/RG/2009 du 09 juin 2009, aff. SIAC Brasseries INSENBERG c/ Monsieur EBASSA Zénon Vincent, *Juridis Périodique* n° 92, oct.-déc. 2012, p. 72, note ASSONTSA (R.).

481 CA-Centre, ord. n° 09/CIV du 08 janv. 2010, aff. Société AES SONEL SA c/ Monsieur Momo Vincent et Me NGWE Gabriel Emmanuel, *Juridis Périodique* n° 92, préc., p. 74, note ASSONTSA (R.).

482 CA-Littoral, arrêt n° 079/CE du 03 août 2011, aff. Sieur TCHIENGUE Daniel Merlin c/ sieur MINTSA Joseph, *RDAO* n° 04, juill.-déc. 2013, note ASSONTSA (R.).

483 KAHIL (O.), *L'égalité entre les créanciers dans le cadre de la saisie-attribution*, thèse préc., p. 309.

484 V. *supra*, n° 130.

la place au concours entre les créanciers et la légitimité d'un tel concours demeure une réalité.

2. La légitimité du concours entre les créanciers

263. L'argument qui semble le plus probant dans la justification de l'effet attributif tel qu'il se présente aujourd'hui, consiste à dire qu'il vise à éviter le plus possible le concours entre les créanciers et ainsi à réduire les conflits entre ceux-ci. Seulement, le concours entre les créanciers demeure l'instrument législatif principal utilisé pour la garantie de l'égalité entre les créanciers. Le Code civil l'ayant consacré dans toute sa vigueur[485], son intérêt est resté si fort que les législateurs français et OHADA des saisies ont dû malgré sa dilution dans le cadre de la saisie-attribution, admettre à certains égards les hypothèses de conflit entre les créanciers, notamment en ce qui concerne les saisies pratiquées le même jour.

En outre, le concours entre les créanciers est consacré dans toute sa vigueur dans les autres procédures de saisie, notamment la saisie-vente[486] et la saisie immobilière[487]. Il n'y a donc pas de raison d'admettre totalement le concours dans certaines saisies pour le restreindre au maximum dans d'autres. Contre cet argument, on pourrait invoquer le principe de la liberté des saisies consistant pour chaque créancier à choisir la saisie qui corresponde au mieux à ses intérêts. Mais le principe est fortement tempéré par la propension des débiteurs à loger leurs fonds dans des comptes bancaires et le principe de la subsidiarité de la saisie immobilière qui oblige à vendre les meubles avant les immeubles[488]. Enfin, la portée du concours semble en

[485] Art 2092 du Code civil applicable au Cameroun.
[486] Art 91 alinéa 2 de l'AUPSRVE.
[487] Art 302 et 303 de l'AUPSRVE.
[488] Art. 28 al. 2 de l'AUPSRVE.

pratique limitée, faute de publication des procédures de saisie.

264. On en conclut que les éventuelles difficultés liées au concours entre les créanciers relèvent d'un problème d'ordre procédural et ne devraient pas conduire pour leur résolution à l'option pour l'injustice. Cette injustice est aggravée par l'impossibilité pour le débiteur d'obtenir un délai de grâce.

Paragraphe II : La protection du débiteur saisi par l'admission du délai de grâce

265. Nous l'avons déjà relevé[489], le mécanisme de la saisie-attribution organisé par le législateur OHADA s'oppose systématiquement à la possibilité pour le juge d'accorder un délai de grâce au débiteur qui se trouve raisonnablement dans le besoin. Pourtant, l'intérêt d'une telle institution n'est plus à démontrer (**A**) et son insertion dans le mécanisme de la saisie-attribution reste tout à fait possible (**B**).

A- L'intérêt du délai de grâce

266. Dans son acception la plus simple, l'institution du délai de grâce vise la protection d'un double intérêt. Celui du débiteur par l'assouplissement des modalités de paiement (**1**) et celui de la collectivité par la survivance de l'entreprise (**2**).

1. La protection de l'intérêt du débiteur par l'assouplissement des modalités de paiement

267. Le délai de grâce s'apprécie comme une mesure de faveur accordée par le juge au débiteur et consistant dans le report ou l'échelonnement du paiement lorsque les circonstances permettent de penser qu'il pourra dans un temps raisonnable se reconstituer financièrement afin de pouvoir payer ses dettes sans risque de cessation de ses

---

[489] Voir *supra*, n° 137.

activités. Cette mesure a donc été édictée par le législateur pour protéger le débiteur qui se trouve dans une situation difficile, mais passagère[490]. Par ce mécanisme donc, le débiteur peut être admis à payer au créancier après l'expiration d'un délai souverainement fixé par le juge ou alors payer de façon échelonnée sur la même période, celle-ci ne pouvant dans tous les cas excéder une année[491]. Le délai accordé par le juge s'affirme donc comme une mesure véritablement bénéfique pour le débiteur qui pourra profiter de cette occasion pour payer ses dettes tout en continuant effectivement ses activités dont sa survie et celle de sa famille en dépendent.

Cette proposition sans doute alléchante peut toutefois buter sur un argument de logique. Le délai de grâce est généralement accordé au débiteur parce qu'il ne dispose pas de moyens pour payer sa dette. Or la saisie-attribution, surtout lorsqu'elle porte un compte bancaire, signifie dans l'immense majorité des cas, en attendant la liquidation des opérations en cours, que les fonds sont disponibles à vue. Dans quel intérêt accorderait-on un délai de grâce alors que le débiteur dispose des fonds pour payer ou avancer sa dette ? L'idée est en effet d'éviter de priver le débiteur du minimum de fonds qu'il disposerait pour continuer ses activités. Ne dit-on pas souvent que pour que le créancier vive, il faut que le débiteur survive ? La survie du débiteur peut permettre au créancier de recouvrer toute sa créance à la longue, au lieu de se contenter du maigre pécule qui lui resterait dans son compte. Après la dénonciation de la saisie et avant l'expiration du délai de quinze jours proposé pour l'intervention des créanciers opposants, le débiteur pourrait saisir le juge pour solliciter ledit délai de grâce.

---

[490] KAHIL (O.), *L'égalité entre les créanciers dans le cadre de la saisie-attribution*, thèse préc., p. 287.
[491] Art. 39 alinéa 2 de l'AUPSRVE.

268. Il convient de préciser que l'octroi du délai de grâce et par voie de conséquence, la continuité de l'activité du débiteur ne profite pas qu'à celui-ci, dans la mesure où elle constitue nécessairement un maillon économique de la collectivité entière.

2. La protection de l'intérêt général par la survivance de l'entreprise du débiteur

269. Par la recherche de l'intérêt du débiteur et en aménageant à cet effet une institution qui vise à protéger l'activité de celui-ci, le législateur procède incidemment à la protection de l'intérêt général de la collectivité dont l'activité du débiteur participe forcement au renforcement de l'économie. En effet, l'entreprise joue un rôle social et économique fondamental, à la fois par son importance dans le tissu économique et par la création d'emploi, un rôle très apprécié en ces périodes de crise et d'aggravation des chiffres du chômage[492].

270. Le droit des voies d'exécution devrait s'accommoder effectivement du besoin de survie de l'entreprise du débiteur, car autant l'on a besoin de protéger les droits des créanciers en vue de la promotion du crédit dont l'importance n'est plus à démontrer pour l'épanouissement de l'économie, autant l'existence et la prospérité des entreprises demeurent indispensables pour le développement de cette économie. Il a ainsi été démontré en méditerranée que les petites et moyennes entreprises peuvent aider à affronter les nombreux défis liés au développement économique tels que les inégalités, le taux de chômage très élevé, le développement démographique et la nécessité de changement structurel[493].

---

[492] FATHALLAH (O.), *Rapport sur le rôle des petites et moyennes entreprises en Méditerranée*, ARLEM, 3e session plénière, Bari, 30 jan. 2012, p. 1.
[493] *Ibidem.*

S'il en est ainsi pour les petites et moyennes entreprises, à plus forte raison pour les grandes.

271. L'intérêt du délai de grâce réside en partie dans le souci d'éviter une détérioration du tissu économique par la promotion d'un droit irrationnel des voies d'exécution qui évoluerait en marge du développement économique de la collectivité. Son importance est donc avérée et son opérabilité dans le cadre de la saisie-attribution semble être une véritable réalité.

B- L'opérabilité du délai de grâce dans le cadre de la saisie-attribution

272. L'accommodation du délai de grâce au mécanisme de la saisie-attribution est parfaitement possible eu égard au caractère facultatif que l'institution présente vis-à-vis du juge (1) et à l'existence de précédents dans des domaines relativement semblables (2).

1. Le caractère facultatif du délai de grâce vis-à-vis du juge

273. Le plaidoyer pour l'admission de la possibilité pour le débiteur de demander au juge l'octroi d'un délai de grâce lorsque celui-ci subit une saisie-attribution ne remet pas complètement en cause le principe de la procédure dans la mesure où, en tout état de cause, la mesure revêt pour le juge un caractère facultatif. Ainsi, les délais sollicités par le débiteur relèvent de l'appréciation souveraine du juge qui les accordera au regard des considérations telles que les circonstances personnelles, familiales ou professionnelles dans lesquelles se trouve le débiteur. L'appréciation laissée au juge en la matière constitue donc une garantie de ce que la mesure sera nécessairement justifiée par l'état de besoin qui caractérisera la situation du débiteur.

274. Cette nature facultative de la mesure pour le juge aboutit à ceci que le mécanisme de la saisie-attribution ne sera perturbé que de façon limitée, lorsque l'état de nécessité dans lequel se trouve le débiteur l'exigera. Ceci participera effectivement de l'humanisation des procédures et ne constituera d'ailleurs en aucune façon un cas isolé.

2. L'existence de précédents dans les matières semblables en droit comparé

275. Une analyse comparative avec l'évolution jurisprudentielle française en matière de saisie-attribution permet de ressortir aisément des hypothèses où, en raison de la protection aussi bien de l'intérêt privé du débiteur que de celui de la collectivité, l'effet attributif immédiat de la saisie-attribution a fait l'objet de suspension.

276. Il en a été le cas notamment en matière de surendettement des particuliers. L'expression caractérise la situation du débiteur qui se trouve dans l'impossibilité de faire face à ses dettes non professionnelles. Dans une telle hypothèse, celui-ci est admis à engager une procédure devant une commission constituée à cet effet en vue d'envisager des solutions convenables pour y remédier[494]. Dans ce sens, le juge de l'exécution peut à la demande de la commission, suspendre les procédures d'exécution diligentées contre le débiteur[495]. La question s'est posée en France de savoir si ce pouvoir de suspension accordé au juge trouvait également application en matière de saisie-attribution ou d'avis à tiers détenteur[496]. Pour la première chambre civile de la Cour de cassation, *une voie d'exécution à effets successifs, même si elle est devenue définitive, peut voir ses effets suspendus si cette mesure s'impose pour permettre à terme le*

[494] Art. 330-1 du Code de commerce français.
[495] Art. 331-5 du Code de commerce français.
[496] KAHIL (O.), *L'égalité entre les créanciers dans le cadre de la saisie-attribution*, thèse préc., p. 274.

redressement du débiteur surendetté[497]. La deuxième chambre civile quant à elle a été encore plus précise lorsqu'elle a reconnu le pouvoir de suspension du juge à l'égard des effets d'un avis à tiers détenteur[498] et donc d'une saisie-attribution aussi[499].

277. Il a également été admis que l'effet attributif immédiat de la saisie-attribution peut être suspendu lorsqu'il entre en confrontation avec la matière pénale, précisément lorsque le juge d'instruction ordonne une réquisition portant sur les sommes saisies[500]. En effet, le juge d'instruction a le pouvoir d'ordonner des saisies pénales pour mettre les biens sous mains de justice, en vue de parvenir à la manifestation de la vérité. Cette prérogative judiciaire a un caractère d'ordre public qui justifie la position de la Cour de cassation lorsqu'elle affirme que les réquisitions judiciaires *privent d'effet les saisies-attribution pratiquées* [...] [501].

278. Ces exemples suffisent pour constater que la rigueur qui caractérise la saisie-attribution peut raisonnablement être tempérée lorsqu'est en cause la protection d'un intérêt vulnérable et légitime. Le délai de grâce participe effectivement de cette logique et le droit OHADA devrait à notre sens, admettre sa mise en œuvre dans le cadre de la saisie-attribution.

* *

*

---

[497] Cass. 1ere civ., 14 mars 2000, n° 98-04071, *Bull. civ.* I, n° 94, p. 63.

[498] Cass. civ., 15 déc. 2005, n° 04-04175, *Bull. civ* 2005 II, n° 335, p. 294.

[499] L'avis à tiers détenteur et la saisie-attribution étant véritablement identiques du point de vue de leurs effets.

[500] KAHIL (O.), *L'égalité entre les créanciers dans le cadre de la saisie-attribution*, thèse préc., p. 274.

[501] Cass. 2e civ., 03 mai 2001, *Bull. civ.* II, n° 88, p. 59-60.

279. On en conclut globalement qu'une meilleure appréhension de l'immatériel par le droit OHADA des saisies passe par l'organisation d'une procédure de droit commun à cet effet et la saisie des droits d'associés et des valeurs mobilières, au regard de ses caractéristiques particulières, paraît à même de jouer un tel rôle sous réserve d'un certain réaménagement. Par la suite, un tempérament des effets de la saisie-attribution contribuerait grandement à une meilleure protection des différents intérêts catégoriels en présence lors de la mise en œuvre de cette mesure.

CONCLUSION DE LA SECONDE PARTIE

280. Il est tout à fait aisé de constater à l'issue de cette seconde branche de l'analyse, que le droit OHADA des saisies semble ignorer une part non négligeable de la catégorie des biens immatériels. D'une part, cette ignorance se fait de façon expresse, car justifiée doublement par la volonté législative de protéger certains intérêts légitimes et d'assurer le respect de l'intégrité physique et morale des personnes. D'autre part, elle manifeste simplement les carences dont fait l'objet ce droit par son incapacité à appréhender les biens immatériels autres que ceux expressément visés par l'AUPSRVE et qui, n'ayant véritablement aucune attache avec la personne de leur titulaire, constituent une assise patrimoniale incontestable.

281. Cette situation justifie dès lors une remise en chantier de la législation OHADA des saisies en vue d'une meilleure appréhension de l'immatériel par celle-ci. L'instauration d'une procédure de droit commun en la matière contribuerait grandement à l'atteinte de cet objectif auquel est nécessairement lié le réaménagement des procédures existantes.

CONCLUSION GÉNÉRALE

282. Au terme de l'analyse, il convient de rappeler que l'immatériel, entendu dans ce contexte comme l'ensemble des valeurs patrimoniales dépourvues de consistance physique, n'est pas en droit OHADA des saisies, un mystère. Le législateur communautaire a effectivement pris en compte dans ses prescriptions, l'évolution de la notion de bien par la mise d'un accent particulier sur la saisie des biens incorporels qui bénéficient désormais et depuis la réforme en la matière, des procédures de saisie à elles spécifiques. La saisie-attribution des créances et la saisie des droits d'associés et des valeurs mobilières constituent dès lors les supports essentiels sur lesquels s'appuie le législateur OHADA pour appréhender l'immatériel par le droit des saisies.

Seulement, cette œuvre bienveillante du législateur rencontre des limites effectives principalement à deux niveaux.

283. D'abord, les procédures organisées s'avèrent d'une efficacité relative, en ce sens que, si elles revêtent effectivement un caractère simplifié, elles se heurtent en même temps à un défaut de concordance législative entre les textes de l'OHADA, mettant aux prises d'une part la saisie des droits d'associés et des valeurs mobilières avec le droit des sociétés commerciales et d'autre part la saisie-attribution avec le Code civil. Cette double opposition conduit à ôter respectivement aux procédures organisées par le législateur communautaire, la confiance quant à la certitude dans le recouvrement de la créance et le respect lié au caractère humain et raisonnable des voies d'exécution.

284. Ensuite, les procédures de saisie organisées pour les biens immatériels pèchent par l'étroitesse de leur domaine d'application. On peut ainsi se rendre compte qu'en réalité, seules les créances de sommes d'argent ainsi que les droits d'associés et les valeurs mobilières se trouvent concernés par ces procédures. Les autres biens immatériels tout aussi importants tels que les biens immatériels industriels constitués principalement du fonds de commerce et des droits de propriété intellectuelle, de même que les biens immatériels issus du domaine virtuel tels que la monnaie électronique et le nom de domaine, semblent en l'état actuel du droit OHADA des saisies, échapper aux mesures d'exécution forcée.

285. L'urgence de la réorganisation du droit OHADA des saisies est donc signalée afin que les débiteurs ne puissent plus trouver refuge contre les procédures civiles d'exécution, dans la conversion des biens matériels de leurs patrimoines en biens immatériels. L'incorporalité du bien ne doit plus être un obstacle au droit des voies d'exécution et le droit OHADA devrait au plus vite s'arrimer à la nouvelle tendance, de peur de se retrouver à la longue en complet déphasage avec la réalité du patrimoine qui devient de plus en plus immatériel. L'attractivité du droit de l'OHADA en dépend.

BIBLIOGRAPHIE

I- OUVRAGES

1- **ANOUKAHA (F.) et TJOUEN (D. A.),** *Les procédures simplifiées de recouvrement et les voies d'exécution en OHADA*, PUF, Paris, 1999.

2- **ASSI-ESSO (A.-M.) et NDIAW (D.),** *OHADA : Recouvrement des créances*, coll. Droit uniforme africain, Bruylant, Bruxelles, 2002.

3- **AUBRY (C.) et RAU (F.-C.),** *Cours de droit civil français d'après la méthode de Zachariae,* 4e éd., Tome VI, Paris, 1876.

4- **BRENNER (Cl.) et CROCQ (P.)** (dir.), *Droit de l'exécution forcée*, Lamy 2008.

5- **DONNIER (M.) et DONNIER (J.-B.)**, *Voies d'exécution et procédures de distribution,* 6e éd., Litec, Paris, 2001.

6- **FORIERS (P. A.) et JAFFERALY (R.)**, *La cession de fonds de commerce et autres opérations apparentées*, éd. Larcier, Bruxelles, 2005.

7- **ISSA-SAYEGH (J.), POUGOUÉ (P.-G.) et SAWADOGO (F. M.)** (coor.), *OHADA. Traité et Actes Uniformes commentés et annotés*, Juriscope, 2002, 4e éd., 2012.

8- **KRIEF-SEMITKO (C.)**, *La valeur en droit civil français. Essai sur les biens, la propriété et la possession,* L'Harmattan, 2009.

9- **LÉGER (J.-M.)**, *L'essentiel du droit à l'image*, Flp avocat, Paris, 2012.

10- **EVY (M.) et JOUYET (J. P.)**, *L'économie de l'immatériel : la croissance de demain,* Rapport de la commission sur l'économie de l'immatériel, Paris, 2006.

11- **NAMMOUR (F.)**, *Instruments de paiement et de crédit*, 1ère éd., Bruylant, Bruxelles, 2008.

12- **ONANA ETOUNDI (F.)**, *Jurisprudence. Thématique, commentée et annotée de la cour commune de justice et d'arbitrage (1997-2008),* 2e éd., 2009.

13- **OUATTARA (B.), DAO (S.), SANON (L.) et BOUYAIN (A.)**, *Guide pratique sur le droit d'auteur et les droits voisins à l'intention des magistrats et auxiliaires de justice,* BBDA, Ouagadougou, 2011.

14- **PERROT (R.) et THÉRY (Ph.)**, *Procédures civiles d'exécution,* 2ème éd., Dalloz, Paris, 2005.

15- **POUGOUÉ (P.-G.), ANOUKAHA (F.) et NGUEBOU-TOUKAM (J.)**, *Le droit des sociétés commerciales et Groupement d'Intérêt économique de l'OHADA*, PUA, Yaoundé, 1998.

16- **POUGOUÉ (P.-G.) et NJEUFACK TEMGWA (R.)**, *Saisies et mesures conservatoires de droit OHADA,* PUF, Paris, 2015.

17- **POUGOUÉ (P.-G.) et TEPPI KOLLOKO (F.),** *La saisie attribution des créances OHADA,* PUF, Paris, 2005.

18- **REVET (T.) et ZÉNATI-CASTAING (F.)**, « *Les biens* », 3e éd., PUF, Paris, 2008.

19- **VERON (M.) et NICOD (B.)**, *Voies d'exécution et procédures de distribution,* 2e éd., *Armand* Colin, Paris, 1998.

20- VINCENT (J.) et PREVAULT (J.), *Voies d'exécution et procédures de distribution*, 19e éd., Dalloz, Paris 1999.

21- VIVANT (M.) (dir.), *Les créations immatérielles et le droit*, ellipses, Paris, 1997.

II-THÈSES ET MÉMOIRES

1- ASSONTSA (R.), *Le juge et les voies d'exécution depuis la réforme de l'OHADA*, thèse de doctorat, Universités de Strasbourg, 2009.

2- BEN ADIBA (A.), *Les sûretés mobilières sur les biens incorporels- propositions pour une rénovation du système des sûretés mobilières en France et au Québec*, thèse de doctorat, Université de Montréal, 2012.

3- DONCHI DONFACK (F.), *La saisissabilité de la monnaie électronique en droit bancaire CEMAC*, thèse de master, Université de Dschang, 2015.

4- DREYFUSS BECHMANN (L.), *La patrimonialité des droits extrapatrimoniaux*, thèse de doctorat, Université Robert Schumann (Strasbourg), 2002.

5- GNAGNE (Y. N.), *La saisie attribution à l'épreuve de la procédure collective*, thèse de Master, Université de Paris I, 2012.

6- KAHIL (O.), *L'égalité entre les créanciers dans le cadre de la saisie attribution*, thèse de doctorat, Université du Droit et de la Santé - Lille II, 2011.

7- KENGNI (J. M.), *L'évolution des procédures civiles d'exécution en droit positif camerounais : De la saisie-arrêt à la saisie-attribution*, mémoire de Maitrise, Université de Dschang, 1998.

8- KOFFI N'GORAN (K.), *Les sûretés réelles et les droits de propriété industrielle dans l'espace OAPI*, thèse de Master, Université de Yaoundé II, 2011.

9- MOUAFO (H.), *L'évolution de la saisie-conservatoire de droit commun en droit positif camerounais*, mémoire de maîtrise, Université de Dschang, 1998.

10- PINTO HANIA (V.), *Les biens immatériels saisis par le droit des sûretés réelles conventionnelles*, thèse de doctorat, Université de Paris-Est Créteil, 2011.

11- TALE TIOGKENG (E. P.), *La saisie des biens du débiteur marié*, thèse de Master, Université de Dschang, 2011.

12- ZOUATCHAM (H. P.), *La saisie des sommes d'argent entre les mains des banques*, mémoire DEA, Université de Yaoundé II- Soa, 2005.

III- ARTICLES DE DOCTRINE

1- ABOMO (M.-L.), « Le droit à l'image de la personne : Quelle protection au Cameroun ? », *Juridis Périodique* n° 64, oct.-déc. 2005, p. 80 et s.

2- ANABA MBO (A.), « La nouvelle juridiction présidentielle dans l'espace OHADA : l'envers et l'endroit d'une reforme multiforme », *R.C.D.A.* n° 03, avril-juin 2000, p. 9 et s.

3- ANOUKAHA (F.), « le juge du contentieux de l'exécution des titres provisoires : le législateur camerounais persiste et signe…l'erreur », *Juridis Périodique* n°70, avril-juin 2007, p. 33 et s.

4- ASSONTSA (A.) et ZEUMO NGUENANG (M.), « Pédalage ou rétropédalage du législateur africain… Notes sans rigueur aucune autour de la compensation en droit

OHADA de l'exécution forcée », *RTSJ* n° 5, janv.-déc. 2013, p. 140 et s.

5- BIKECK MBANG (A.), « La saisie des droits d'associés et des valeurs mobilières de la législation OHADA : une reforme inadaptée au droit des sociétés commerciales », *RTDA*, janv.-mars 2013, p. 5 et s.

6- BOURREL (A.), « Le Conseil d'État et la transmission aux héritiers du droit à réparation des préjudices personnels de la victime », *D.* 2000, p. 563 et s.

7- BYK (C.), « Progrès scientifiques et droits de l'Homme : la rupture ? », *RTD h.,* 2003, p. 363 et s.

8- CLERGET (C.), « Le transfert de savoir-faire », CCI Champagne-Ardenne, *fiche technique* n° 20, sept. 2014.

9- CROZE (H.), « La loi n° 91-650 du 9 juillet portant réforme des procédures civiles d'exécution/ les règles spécifiques aux différentes mesures d'exécution forcée et mesures conservatoires », *JCP* n° 20, éd. G, p. 236.

10- DABIN (J.), « Saisie et vente forcée des droits incorporels », www.dubois-huissier-93.com, 23/04/15.

11- DEMOTES-MAINARD (M.), « La connaissance statistique de l'immatériel », INSEE, France, session-Tokyo, 6-10 oct. 2003.

12- DIAKHATE (M.), « Les procédures simplifiées et les voies d'exécution : la difficile gestation d'une législation communautaire », *RSDA,* n° 2-3-4, 2003-2004, p. 11 et s.

13- DJOGBENOU (J.), « Saisie des droits d'associés et des valeurs mobilières », *in* POUGOUÉ (P.-G.) (dir.), *Encyclopédie du droit OHADA*, Lamy 2011, p. 1600 et s.

14- DROSS (W.), « les quotas laitiers sont-ils des biens ? », *RTDciv.*, janvier-mars 2013, p. 157 et s.

15- FATHALLAH (O.), Rapport sur le rôle des petites et moyennes entreprises en Méditerranée, ARLEM, 3e session plénière, Bari, 30 jan. 2012.

16- FRISON-ROCHE (M.-A.), « L'immatériel à travers la virtualité », *APD*, tome 43, 1999, p. 139 et s.

17- GELARD (G.), « Pourquoi le goodwill pose problème ? », *RFC* n° 466, juin 2013, p. 29 et s.

18- GIDROL-MISTRAL (G.), « Les biens et l'immatériel », Journées espagnoles, *Capitant*, Québec, 2014.

19- GUTMANN (D.), « Du matériel à l'immatériel dans le droit des biens : Les ressources du langage juridique », *APD*, tome 43, 1999, p. 65 et s.

20- ICANN, « Monétisation des noms de domaines », Policy issue brief, www.policy-staff@icann.org. juin 2008.

*** KENFACK DOUAJNI (G.)**,

21- « L'exécution forcée contre les personnes morales de droit public dans l'espace OHADA », *RCA*, juil.- sept. 2002, p. 3 et s.

22- « Propos sur l'immunité d'exécution et les émanations des États », *RCA* n° 30, Juil.- sept., 2005, p. 3 et s.

*** KERE KERE (G.)**,

23- « Essai d'une présentation synthétique des mesures conservatoires d'après la nouveau droit des affaires OHADA », *RASJ* n° 1, 2008, p. 33 et s.

24- « Le droit commun de l'exécution forcée dans l'espace OHADA », *RASJ* n° 1, 2010, p. 65 et s.

25- KOLONGELE EBERANDE (D.-C.), « l'immunité d'exécution, obstacle à l'exécution forcée en droit OHADA contre les entreprises et personnes publiques ? », *RJP* n° 2, 2014, p. 147 et s.

* **KUATE TAMEGHE (S. S.)**,

26- « Saisie des rémunérations », *in* POUGOUÉ (P.-G.) (dir.), *Encyclopédie du droit OHADA*, Lamy 2011, p. 1618 et s.

27- « Le mystère des articles 50 al 1 et 51 de l'acte uniforme portant organisation des procédures simplifiées de recouvrement et des voies d'exécution », *Afrilex* n° 5, www.afrilex.u- bordeau4.fr, p. 177 et s.

28- LAMORIL (G.), « L'insaisissabilité des biens au regard des droits fondamentaux à l'exemple du droit Français », *RTD h.* n° 66, 2006, p. 359 et s.

29- LEFORT (C.), « saisie attribution », *Rép. Pr. Civ. D.* 2007, n° 238, p. 57 et s.

30- LEMOYNE DE FORGES (J.-M.), « La patrimonialité des actes administratifs en matière de santé », *RFDA*, 2009, p. 32 et s.

31- MARINO (L.), « Les contrats portants sur l'image des personnes », Chroniques, éd. *Juris-Classeur*, 2003, p. 10 et s.

32- MBA-OWONO (Ch.), « Société créée de fait et société de fait en droit OHADA : L'apport de l'Acte uniforme révisé relatif au droit des sociétés commerciales et du groupement d'intérêt économique », *Penant* n° 888, p. 353 et s.

33- MIENDJIEM (L. I.), « Nantissement », *in* POUGOUÉ (P.-G.) (*dir.*), *Encyclopédie du droit OHADA,* Lamy, 2011, p. 1131 et s.

34- MODI KOKO BEBEY (H. D.), « L'indentification de la juridiction compétente de l'article 49 de l'acte uniforme portant organisation des procédures simplifiées de recouvrement et des voies d'exécution », Acte du Séminaire international sur le recouvrement des créances et des voies d'exécution, Douala, 05 au 06 oct. 2004, *ohadata* D-04-35.

35- NDIAW (D.), « Recouvrement des créances et voies d'exécutions », ohada.com.

* **NDZUENKEU (A.)**,

36- « L'OHADA et la réforme des procédures civiles d'exécution en droit Africain : l'exemple du Cameroun », *Juridis Périodique* n° 50, avril-juin 2002.

37- « Les nouvelles règles de compétence juridictionnelle en matière de saisie mobilière : regard sur l'article 49 de l'acte uniforme OHADA portant organisation des procédures simplifiées de recouvrement et des voies d'exécution », ohada.com/*ohadata* D-04-39.

38- NJEUFACK TEMGWA (R.), « Saisies conservatoires », *in* POUGOUÉ (P.-G.) (*dir.*), *Encyclopédie du droit OHADA*, Lamy 2011, p. 1745 et s.

* **ONANA ETOUNDI (F.)**,

39- « La réforme des procédures de recouvrement et voies d'exécution en droit OHADA : Étude pratique de législation et de jurisprudence », *RDUA* n° 001, 2010, p. 29 et s.

40- « L'immunité d'exécution des personnes morales de droit public et ses applications jurisprudentielles en droit OHADA », ohada.com/*ohadata* D-13-55.

* **REVET (T.)**,

41- « Les nouveaux biens », Rapport français, Association Capitant, La propriété 2004.

42- « Propriété et droits réels », *RTDciv.*, juil.-sept. 2008, p. 503 et s.

SAWADOGO (F. M.),

43- « La question de la saisissabilité ou de l'insaisissabilité des biens des entreprises publiques en droit OHADA », ohada.com/ *ohadata* D-07-16.

44- « Les procédures de prévention dans l'AUPC révisé : la conciliation et le règlement préventif », *Droit et patrimoine* n° 253, déc. 2015, p. 32 et s.

45- SERA (Y.), « L'opération de cession de clientèle civile après l'arrêt du 7 novembre 2000 : dorénavant on fera comme d'habitude », *D.* n° 28, 2001, p. 2295 et s.

46- SÉRIAUX (A.), « La notion juridique de patrimoine », *RTDciv.*, 1994, p. 1 et s.

*** SOH (M.),**

47- « La situation des créanciers du salaire dans les procédures d'exécution de l'OHADA ou le difficile équilibre entre les intérêts en présence », ohada.com/ *ohadata* D-08-22.

48- « Insaisissabilités et immunités d'exécutions dans la législation OHADA ou le passe-droit de ne pas payer ses dettes », ohada.com/*ohadata* D-08-27.

49- TCHABO SONTANG (H. M.), « Les aspects juridiques de la monnaie électronique dans la CEMAC », *Annales de la Faculté des Sciences Juridiques et Politiques de l'Université de Dschang*, tome 13, 2009, p. 227 et s.

50- TCHANTCHOU (H.), « Le contentieux de l'exécution et des saisies dans le nouveaux droit OHADA (article 49 de l'AUPSRVE) », *Juridis Périodique* n° 46, avril-juin 2001, p. 98 et s.

51- TCHOU-BAYO (J. P.), « Saisie-vente », *in* POUGOUÉ (P.-G.) (dir.), *Encyclopédie du droit OHADA*, Lamy 2011, p. 1770 et s.

52- VERBIEST (T.) et LE BORNE (M.), « Le fonds de commerce virtuel : une réalité juridique ? », *JT* n° 6044, 23 fév. 2002, p. 145 et s.

53- ZÉNATI-CASTAING (F.), « L'immatériel et les choses », *Arch. Phil. Droit*, tome 43, éd. Sirey, 1999, p. 79 et s.

III- LÉGISLATION

1- Acte Uniforme OHADA portant Organisation des Procédures Simplifiées de Recouvrement et des voies d'exécution, adopté le 10 avril 1998.

2- Acte Uniforme OHADA portant Organisation des Sûretés, adopté le 15 décembre 2010.

3- Accord portant révision de l'accord de Bangui du 2 mars 1977 instituant une Organisation Africaine de la Propriété Intellectuelle.

4- Code Civil français de 1804 applicable au Cameroun.

5- Code de Procédure Civile et Commerciale camerounais du 16 décembre 1954.

6- Décret n° 94/197/PM du 9 mai 1994 relatif aux retenues sur salaire, pris en application des articles 75 et 76 du code du travail.

7- Loi du 09 juillet 1991 portant réforme des procédures civiles d'exécution en France.

8- Loi n° 92/007 du 14 aout 1992 portant code du travail camerounais.

9- Loi du 19 avril 2007 modifiant et complétant les dispositions de la loi n° 2006/015 du 29 décembre 2006 portant organisation judiciaire au Cameroun.

10- Loi n° 2011/027 DU 14 décembre 2011, modifiant et complétant les dispositions de la loi n° 2006/015 du 29 décembre 2006 portant organisation judiciaire.

11- Règlement n° 02/03/CEMAC/UMAC/CM relatif aux systèmes, moyens et incidents de paiement du 04 avril 2003.

12- Règlement n° 01/ CEMAC/ UMAC/CM du 18 septembre 2011 relatif à l'exercice de l'activité d'émission de la monnaie électronique.

13- Règlement n° 5/CEMAC/UMAC/CM du 22 novembre 2012 portant insaisissabilité des comptes et actifs financiers des établissements de crédit logés à la BEAC.

IV- JURISPRUDENCES

1- CA-Abidjan, arrêt civil contradictoire n° 1116 du 12 décembre 2000, aff. STE CORECA-CI c/ FIDES-CI USICAF, ohada.com/ohadata J-06-124.

2- CA-Abidjan, Ch. civ. et com., arrêt n° 12800 du 02 déc. 2003, L'entreprise Afridiv et Classic c/ Zahui Charles, juscope.org.

3- CA-Centre, ord. n° 1080/RG/2009 du 09 juin 2009, aff. SIAC Brasseries INSENBERG c/ Monsieur EBASSA Zénon Vincent, *Juridis Périodique* n° 92, oct.- déc. 2012, p.72, obs. ASSONTSA (R.).

4- CA-Centre, ord. n° 09/CIV du 08 jan. 2010, aff. Société AES SONEL SA c/ Monsieur Momo Vincent et Me NGWE Gabriel Emmanuel, *Juridis Périodique* n° 92, oct.-déc. 2012, p. 74, obs. ASSONTSA (R.).

5- CA-Littoral, arrêt n° 030 du 14 jan. 2009, aff. Les Ets CHEDJEU c/ Sté Camerounaise de Dépôt Pétrolier (SCDP et autres), *Juridis Périodique* n° 84, oct.-déc. 2010, p. 111 et s., obs. ASSONTSA (R.).

6- CA-Littoral, arrêt n° 090/REF du 23 mars 2009, aff. Sieur AMBASSA Éphrem c/ S.A. et EDEMAIN – CACAO STE CAMCOS et autres, *Juridis Périodique* n° 84, oct.-déc. 2010, p. 109 et s., obs. ASSONTSA (R.).

7- CA-Littoral, arrêt n° 226/REF du 23 nov. 2009, Aff. Espace Vision (Optique Médicale) Sarl c/ SEHC Holly Wood Hôtel, *Juridis Périodique* n° 84, oct.-déc. 2010, p. 105 et s., obs. ASSONTSA (R.).

8- CA-Littoral, arrêt n° 033/REF du 15 fév. 2010, aff. L'Hôtel Akwa Palace c/ Sté de Fournitures Industrielles du Cameroun (S.F.I.C), *RDAO* n° 01, 1er semestre 2012, p. 73, obs. ASSONTSA (R.).

9- CA-Littoral, arrêt n° 069/CE du 17 sept. 2012, aff. La Société Extra Khalifa Sarl c/ La Société Socamar SA, *RDAO* n° 04, juil.-déc. 2013, p. 91, obs. ASSONTSA (R.).

10- CA-Lyon, 16 oct. 1968, *D.*, 1969, jurisp., p. 549, note PREVAULT (J.).

11- CA-Paris, 8e ch. 5 nov. 2002, État du Koweït c/ Mlle Farah.

12- CA-Paris, 3e ch. Sect. B, 20 sept. 2007, n° 07/0051, *Dr. et procédures*, p. 362.

13- CA-Versailles, 22 sept. 2005, *Juris-Data* n° 288693.

14- Cass. Civ. 22 mai 1962, *Bull. Civ*. IV, n° 271.

15- CEDH, 18 sept. 2007, Paeffgen gmbh (I-VI) c/ Allemagne, n° 25379/04, 21688/05, 21722/05 et 21770/05, *JCP* G 2008.I.158, n° 1.

16- Civ. 2e, 24 jan. 1973, *RTDciv,* 1973, 471, note PREVAULT (J.).

17- Cass. Civ., 27 nov. 1884, S. 1896. 1. 489.

18- Cass. 1ere civ. 14 mars 2000, n° 98-04071, *Bull. civ.* I, n° 94, p. 63.

19- Cass. 2e civ., 03 mai 2001, *Bull. civ.* II, n° 88, P. 59-60.

20- Cass. 2e civ. 3 mai 2001, n° 99-18.265, *Bull. civ.* II. N° 90.

21- Cass. 2e civ. 4 oct. 2001. *Bull. civ.* n° 150, p. 103.

22- Cass. civ., 15 déc. 2005, n° 04-04175, *Bull. civ.* 2005 II, n° 335, p. 294.

23- Cass. civ 1re, 14 oct. 2009, n° 08-14978.

24- CCJA, arrêt n° 584 du 03 mai 2002, aff. Société AFROCOM-CI c/ Citibank, *RCCJA* n° 5, janv.-juin 2005, p. 56 et s.

25- CCJA, arrêt n° 035/2005 du 2 juin 2005, Mme Khouri Marie c/ société Hyjazi Samih et Hassane dite Induschimie et Société Générale de Banque en Côte d'Ivoire, dite SGBCI, *GD-CCJA,* p. 569, obs. KUATE-TEMEGHE (S. S.).

26- CCJA, arrêt n° 033/2007 du 22 nov. 2007, Compagnie des transports commerciaux dite COTRACOM et Aminata Youssouf c/ Banque internationale de l'Afrique de l'Ouest-Cote d'Ivoire dite BIAO-CI, *Recueil* n° 10, juill.- déc. 2007, p. 23 et s.

27- CCJA, arrêt n° 009/2008 du 27 mars 2008, Société de Cote d'Ivoire Telecom c/ Société Lotery Telecom, *GD-CCJA,* p. 371, obs. NEMEUDEU (R.).

28- Civ. 2e, 2 novembre1983, *Bull. civ.* II. n0 212 : Defrénois 1985, p.55 et s, note THÉRY (Ph.).

29- Civ. février 2000*, D.* 2000, I.R., 74.

30- Civ 2e, 08 déc. 2011, *RTDcom* n° 2, avril-juin 2012, p. 377-378 obs. PERROT (R.).

31- Civ. 3e, 31 oct. 2012, n° 10-17.851.

32- JEX Saint-Etienne, 16 juin 1994 ; *D.* 1995, p. 233, note PREVAULT (J.).

33- Section de Tribunal de Toumodi Jugement n° 29 du 31 juil. 2001, SGBCI c/ C, Le *Juris Ohada* n° 1/ 2005 janvier-mars 2005, p. 37.

34- TGI-Paris, JEX, 20 sept. 1994, *BICC* 1994, n° 1171.

35- TGI-Lyon, 14 juin 1994, *D.S.* 1995. 208, obs. PREVAULT (J.).

36- TGI-Paris, 8 mars 2001, *BICC* 2002, n° 347.

37- TGI-Lyon, JEX, 15 mai 2001, *Dr. et proc.* 2002, p. 39.

38- TPI-Douala-Ndokoti, ord. n° 63/05-06 du 09 fév. 2006, Tchoumbov Jean c/ Mme Tchoumbov née Nitcheu Berthé, ohada.com/*ohadata* J-07-80.

39- TPI-Dschang, ord. de référé n° 1/ADD du 06 oct. 2003, Dame Tassi Valentine c/ Le receveur provincial des impôts de l'ouest à Bafoussam et Yemele Émile, www.ohada.com/*ohadata* J-05-113.

40- TPI-Nkongsamba, ord. de référé n° 16/RF du 25 avril 2001, Société des Établissements Nyamedio c/ Ngoumela Martin, ohada.com/ *ohadata* J-04-440.

41- TPI-Yaoundé, Référé, ord n° 113/c du 29 sept. 2000 : Bouolo Badoana c/ Fon Georges, inédit.

42- TRHC-Dakar, jug. n° 139 du 27 janv. 2003, aff. Société Sénégal Construction International c/ Maguette WADE, ohada.com/*ohadata* J-05-85, obs. ISSA-SAYEGH (J.).

INDEX ALPHABÉTIQUE

(Les chiffres renvoient aux numéros de paragraphes ou de notes de bas de page)

TABLE DES MATIÈRES

Questions juridiques

aux éditions L'Harmattan

Dernières parutions

DÉLINQUANCE SÉRIELLE ET POLICE JUDICIAIRE
Impini Jean-François
Sérialité de la délinquance, information judiciaire, analyse criminelle sérielle désignent des notions familières mais peu étudiées par les sciences criminelles. Postulant l'idée assez commune d'une délinquance largement réitérante, l'ouvrage tente de dérouler le fil logique que pourrait suivre l'investigation policière pour exploiter de façon systématique ce caractère sériel des infractions.
(Coll. Sécurité et société, 37.50 euros, 372 p.)
ISBN : 978-2-343-11147-6, ISBN EBOOK : 978-2-14-002864-9

LES MICRO-ÉTATS EUROPÉENS
Étude historique, juridique et fiscale
(Andorre, Liechtenstein, Monaco, Saint-Martin, Vatican)
Blevin Pierre-Alexis - Préface d'Anne-Marie Le Pourhiet
Morcelée pendant plusieurs siècles en diverses seigneuries et autres entités à caractère étatique, l'Europe est à la fin du XIXe siècle le théâtre d'une véritable refonte des États qui la composent. Les micro-États semblent dès lors rencontrer des difficultés dans l'affirmation de leur souveraineté. Ainsi, les garanties constitutionnelles et institutionnelles sont-elles suffisantes pour assurer leur indépendance et leur intégrité ? Cet ouvrage donne une véritable définition des « micro-États européens » et analyse leur résistance face à une évolution historique européenne majeure.
(Coll. Logiques Juridiques, 53.00 euros, 616 p.)
ISBN : 978-2-343-10015-9, ISBN EBOOK : 978-2-14-002545-7

QUEL STATUT SOCIAL POUR LE CHEF D'ENTREPRISE ET LE DIRIGEANT DE SOCIÉTÉS ?
Turc Annabelle – Préface de Gérard Vachet
Le statut social des dirigeants de sociétés est un sujet en constante évolution, en raison des changements de législation et du rapprochement du régime social des indépendants vers le régime salarié. Mais, pour connaître ou choisir son statut social, le chef d'entreprise (ou le mandataire social) doit se pencher sur de nombreux facteurs. Le statut social des dirigeants est-il susceptible d'évoluer vers une harmonisation du régime salarié et du régime social des indépendants (RSI) ? Et quel conseil donner au dirigeant en quête du statut le plus rentable pour lui ?
(Coll. Défis, 49.00 euros, 688 p.)
ISBN : 978-2-343-11093-6, ISBN EBOOK : 978-978-2-14-002819-9

LA SOCIÉTÉ PAR ACTIONS SIMPLIFIÉE ET LE FINANCEMENT D'ENTREPRISES EN DIFFICULTÉ

Feydel Romain

Le droit des sociétés français sait se montrer concurrentiel. La société par actions simplifiée (SAS), couplée au mécanisme de la procédure de sauvegarde accélérée, présente des avantages. Ce montage en cascade démontre la complémentarité du fonds professionnel de capital investissement (FPCI) avec la SAS. Ainsi, la SAS permet de constituer une copropriété d'instruments financiers et de mettre en application la stratégie d'investissement. L'auteur démontre l'importance de la société de gestion de portefeuille, mais également de la holding de rachat, ainsi que de la filiation et du pacte d'actionnaires dans cette opération de *leveraged turn around.*

(20.50 euros, 204 p.)

ISBN : 978-2-343-10712-7, ISBN EBOOK : 978-2-14-002584-6

CRIMINALITÉ EN COL BLANC

Délinquance d'affaires, délinquance financière, délinquance fiscale

Sous la direction de Jacques Delga

Cet ouvrage à caractère pluridisciplinaire, où chaque auteur a librement choisi le thème à traiter, fait référence à la construction de modèles criminels astucieux. Il revient sur la difficulté de prévenir ou de réprimer le crime en col blanc, les renseignements, la cybercriminalité, la corruption ou encore la lutte contre les comptes bancaires non déclarés. De nombreux exemples français, mais aussi étrangers sont cités : Amazon, Société Générale, Clearstream, Madoff, Cahuzac, etc., permettant ainsi de revenir sur le traitement de cette criminalité en col blanc.

(Coll. Colloques et rencontres, 39.00 euros, 418 p.)

ISBN : 978-2-343-10388-4, ISBN EBOOK : 978-2-14-002649-2

GÉOGRAPHIES POLICIÈRES

Ignorance concertée et propagande ennemie

Fines Louise

Trois études de cas (les *starlight tours* au Canada ; les manifestations qui se sont déroulées au sommet du G8 à Gênes ; et l'intervention déployée à l'encontre des grévistes à Marikana) servent de prétexte pour explorer un phénomène historique : la neutralisation des personnes indésirables. En effet, à l'aune d'un idéal démocratique, il importe de mieux saisir les critères, circonstances et facteurs qui contribuent à faire en sorte que des individus sont classés dans la catégorie « personnes indésirables ».

(Coll. Questions contemporaines, 19.50 euros, 190 p.)

ISBN : 978-2-343-10689-2, ISBN EBOOK : 978-2-14-002576-1

QUELLE NOUVELLE POLITIQUE DE L'ÉNERGIE POUR L'UNION EUROPÉENNE ?

Azébazé Labarthe Danielle

Il faudra attendre 2009 pour qu'une politique de l'énergie soit introduite dans le droit européen, ce qui pousse à s'interroger sur la nature et la portée exacte des interventions de l'Union dans le domaine de l'énergie. Cette ébauche de politique énergétique trouvera son ancrage juridique dans des bases juridiques indirectes ou

subsidiaires, et en particulier dans celles relatives à l'établissement d'un marché intérieur. Pourtant, l'énergie est loin d'être un objet économique ordinaire : la soumission de ce secteur aux seules règles du marché pourrait être préjudiciable. Il est donc nécessaire de prévoir une véritable politique énergétique commune.
(Coll. Logiques Juridiques, 55.00 euros, 634 p.)
ISBN : 978-2-343-10532-1, ISBN EBOOK : 978-2-14-002473-3

VOYAGE AU CŒUR DES PROPRIÉTÉS PUBLIQUES
Iacono Geneviève
Ce voyage au coeur des propriétés publiques tente de relever le défi d'une présentation simple et attractive du droit des propriétés publiques. L'ouvrage aborde de nombreux exemples de gestion domaniale (protection du domaine public maritime, gestion des forêts, consolidation des digues...) et traite les questions relatives aux grandes mutations du patrimoine des entreprises publiques (SNCF, la Poste ou EDF) pour illustrer la tension entre le droit européen de la concurrence et les exigences du service public. La difficile conciliation entre les logiques de protection et/ou de valorisation des propriétés publiques ouvre la réflexion sur ces enjeux.
(Coll. Le Droit aujourd'hui, 19.00 euros, 180 p.)
ISBN : 978-2-343-10495-9, ISBN EBOOK : 978-2-14-002512-9

ÉTHIQUE ET PATRIMOINE CULTUREL
Regards croisés
Sous la direction de Géraldine Goffaux Callebaut
Le droit ne permet plus de répondre seul à toutes les problématiques du patrimoine culturel et il faut souvent faire appel à d'autres types de règles, plus souples et souvent mieux partagées, que sont les règles éthiques. Ce sont essentiellement les professionnels qui en sont les bâtisseurs. Dans ce contexte, quel est le rôle de l'éthique ? Quel est le lien entre éthique et déontologie ? Quelle approche faut-il avoir de ce concept ? Éthique individuelle ou collective ? Éthique de l'institution, de la profession ? Codifiée ou informelle ?
(Coll. Droit du Patrimoine culturel et naturel, 36.00 euros, 350 p.)
ISBN : 978-2-343-10605-2, ISBN EBOOK : 978-2-14-002466-5

L'ORDRE JURIDIQUE COMMUNAUTAIRE DE LA CEMAC
Gnimpieba Tonnang Edouard
Préface de Bernard-Raymond Guimdo Dongmo
L'échec de l'Union douanière et économique de l'Afrique centrale (UDEAC) a poussé à remettre en question toutes les politiques d'intégration économique engagées depuis les accessions à la souveraineté internationale. Cet échec a conduit à relancer la construction communautaire sur de nouvelles bases visant un marché commun, garantissant la libre circulation des facteurs de production. Il s'agit de faire de l'espace de la CEMAC (Communauté économique et monétaire des États d'Afrique centrale) un espace de liberté, de démocratie et d'États de droit devant reposer sur un nouvel ordre juridique.
(Harmattan Cameroun, 25.50 euros, 246 p.)
ISBN : 978-2-343-10512-3, ISBN EBOOK : 978-2-14-002503-7

LE PROCÈS RANUCCI
Témoignage d'un juré d'assises
Donadini Geneviève - Préface de Gilles Perrault
Début 1976, le procès de Christian Ranucci a lieu au tribunal d'Aix-en-Provence. Il sera condamné à mort. Sa grâce sera refusée. Il sera guillotiné le 28 juillet 1976. Jeune mère de famille de 35 ans, Geneviève Donadini fit partie du jury d'assises. Elle a vécu dans le silence que lui imposait la loi pendant plusieurs décennies. Quarante ans après, elle raconte cette terrible expérience à laquelle elle a participé bien malgré elle et qui a marqué sa vie.
(Coll. La justice au quotidien, 13.00 euros, 106 p.)
ISBN : 978-2-343-10540-6, ISBN EBOOK : 978-2-14-002396-5

L'INTERVENTION DES TIERCES PARTIES DANS LE RÈGLEMENT DES DIFFÉRENDS À L'OMC
Nguyen Ngoc Ha - Préface de Marie-Pierre Lanfranchi
L'intervention des tierces parties dans le règlement des différends à l'OMC présente des spécificités par rapport à d'autres juridictions internationales. Dans l'ensemble, ces spécificités permettent aux tierces parties de jouer un rôle important dans ce système, en répondant aux besoins d'information du juge, en aidant la défense des intérêts à différents niveaux et surtout en renforçant les capacités et compétences des pays en développement. L'intervention comporte parfois des risques et des limites, mais son bilan, globalement positif, plaide en faveur du renforcement des droits des tierces parties.
(48.00 euros, 576 p.)
ISBN : 978-2-343-10483-6, ISBN EBOOK : 978-2-14-002260-9

LES INSTRUMENTS DE L'ACTION PUBLIQUE ET LES DISPOSITIFS TERRITORIAUX
Sous la direction de Némery Jean-Claude, Thuriot Fabrice
Les instruments de l'action publique (IAP) recouvrent des réalités multiples déjà balisées par des travaux universitaires reconnus. Destinés au pilotage et au développement de l'action publique, ils sont constitués de politiques, de mesures et de dispositifs recouvrant des dimensions juridiques, financières, d'organisation et de communication. Cet ouvrage a pour but d'en montrer la diversité de conception, de gestion et d'effet, à travers des travaux théoriques, méthodologiques et empiriques dans plusieurs pays. Il couvre ainsi un large spectre de dispositifs de gouvernance, de développement durable, et de planification, d'Europe en Amérique du Nord, en passant par l'Afrique.
(Coll. Administration et Aménagement du Territoire, 24.50 euros, 234 p.)
ISBN : 978-2-343-10393-8, ISBN EBOOK : 978-2-14-002168-8

L'HARMATTAN ITALIA
Via Degli Artisti 15; 10124 Torino
harmattan.italia@gmail.com

L'HARMATTAN HONGRIE
Könyvesbolt ; Kossuth L. u. 14-16
1053 Budapest

L'HARMATTAN KINSHASA
185, avenue Nyangwe
Commune de Lingwala
Kinshasa, R.D. Congo
(00243) 998697603 ou (00243) 999229662

L'HARMATTAN CONGO
67, av. E. P. Lumumba
Bât. – Congo Pharmacie (Bib. Nat.)
BP2874 Brazzaville
harmattan.congo@yahoo.fr

L'HARMATTAN GUINÉE
Almamya Rue KA 028, en face
du restaurant Le Cèdre
OKB agency BP 3470 Conakry
(00224) 657 20 85 08 / 664 28 91 96
harmattanguinee@yahoo.fr

L'HARMATTAN MALI
Rue 73, Porte 536, Niamakoro,
Cité Unicef, Bamako
Tél. 00 (223) 20205724 / +(223) 76378082
poudiougopaul@yahoo.fr
pp.harmattan@gmail.com

L'HARMATTAN CAMEROUN
TSINGA/FECAFOOT
BP 11486 Yaoundé
699198028/675441949
harmattancam@yahoo.com

L'HARMATTAN CÔTE D'IVOIRE
Résidence Karl / cité des arts
Abidjan-Cocody 03 BP 1588 Abidjan 03
(00225) 05 77 87 31
etien_nda@yahoo.fr

L'HARMATTAN BURKINA
Penou Achille Some
Ouagadougou
(+226) 70 26 88 27

L'HARMATTAN SÉNÉGAL
10 VDN en face Mermoz, après le pont de Fann
BP 45034 Dakar Fann
33 825 98 58 / 33 860 9858
senharmattan@gmail.com / senlibraire@gmail.com
www.harmattansenegal.com